Günzel | Philosophie-Kurs mit Seneca

AF203225

Peter Günzel

Philosophie-Kurs mit Seneca

Reclam

RECLAMS UNIVERSAL-BIBLIOTHEK Nr. 14307
2022 Philipp Reclam jun. Verlag GmbH,
Siemensstraße 32, 71254 Ditzingen
info@reclam.de
Umschlaggestaltung: Philipp Reclam jun. Verlag GmbH
nach einem Konzept von Tanja Jung, dialog-grafik.de
Umschlagabbildung und S. 6, 15: neuzeitliches Seneca-Standbild
in Córdoba, Spanien (akg-images / Schütze / Rodemann)
Druck und Bindung: Elanders Waiblingen GmbH,
Anton-Schmidt-Straße 15, 71332 Waiblingen
Printed in Germany 2025
RECLAM, UNIVERSAL-BIBLIOTHEK und
RECLAMS UNIVERSAL-BIBLIOTHEK sind eingetragene Marken
der Philipp Reclam jun. GmbH & Co. KG, Stuttgart
ISBN 978-3-15-014307-0
reclam.de

Inhalt

Einleitung

Wenn Sie, liebe Leserin und lieber Leser, das vorliegende Büchlein aufgeschlagen haben, so kann es im Grunde dafür nur zwei Gründe geben: Entweder Sie *müssen* sich mit Seneca und seiner Philosophie beschäftigen, oder Sie *wollen* es. Für beide Fälle gibt es nachvollziehbare Gründe. Wer sich mit Seneca befassen *muss*, besucht möglicherweise eine höhere Lateinklasse am Gymnasium oder studiert die klassischen Sprachen oder Philosophie. Der Titel dieses Buches verspricht ja einen unkomplizierten und recht lebenspraktischen Umgang bzw. eine einfache Vermittlung von Senecas stoischer Philosophie, und bereits ein vorsichtiger Blick auf die vielen Regalmeter selbst einer nur durchschnittlich ausgestatteten Universitätsbibliothek zu den Themen ›Stoa‹ und ›Seneca‹ zeigt, dass es dazu viel zu forschen und zu sagen gab und gibt.

Wer sich außerhalb eines Bildungs- oder gar Prüfungszusammenhangs mit Seneca und seiner Philosophie beschäftigen *will*, kennt den Philosophen und seine Texte eventuell noch aus der Schule und denkt mit guten oder gemischten Gefühlen daran zurück. Auch an Suchende sei in diesem Zusammenhang gedacht. In einer Welt überbordender Ratgeberliteratur zu Resilienz, Work-Life-Balance, Anti-Stress sowie ganzheitlicher und nachhaltiger (was immer das auch heißen mag!) Lebensgestaltung ist der Blick auf das, was schon vor Jahrtausenden die gebildeten und lebensklugen Köpfe vor uns gedacht haben, oftmals ein heilsamer. Senecas philosophische Ansichten und Aussagen sind alles andere als verstaubt, sind brandaktuell, weil zeitlos, und laden uns zur stetigen Auseinandersetzung mit unserer eigenen Lebensgestaltung ein. Es gibt kaum eine Leserin oder einen Leser, der bzw. dem die Lektüre beispielsweise der moralischen Lehrbriefe nicht das ein oder andere zustimmende Kopfnicken entlocken würde. Dennoch sind Senecas philosophische Aussagen auch streitbar, und nicht jede und jeder kann und will dem zustimmen, geschweige denn danach leben.

Das vorliegende Buch richtet sich also an all diejenigen, die Senecas stoische Philosophie in einem knappen und auf lebenspraktische Elemente ausgerichteten Format kennenlernen oder wiederentdecken möchten. Seine Hauptintention ist demzufolge deren verständliche und moderne Vermittlung. So wurden verschiedene Texte Senecas aus ihrem unmittelbaren Kontext gelöst, ohne dass sie dabei aus dem Zusammenhang gerissen werden. Seneca kommt selbst ausführlich zu Wort und dient nicht nur als reiner Stichwortgeber wie bei Kalendersprüchen. Die einzelnen Kapitel bauen aufeinander auf, da sie von den Grundanliegen der stoischen Philosophie verschiedene Aspekte des menschlichen Lebens aus dieser Perspektive betrachten, sie sind aber auch einzeln als in sich geschlossene Einheiten lesbar, und Vorwissen aus vorangegangenen Kapiteln wird nicht zwingend vorausgesetzt. Die einzelnen Lektionen an sich sind dann zwischen den Aspekten der philosophischen Theorie und deren lebenspraktischer Umsetzung aus der Sicht Senecas aufgespannt, so dass sich die Theorie immer auch an den praktischen Anweisungen messen lassen muss.

In der Übersetzung der ausgewählten Stellen wurde ein Sprachduktus gewählt, der den lateinischen Ausgangstext zwar noch deutlich erkennbar werden lässt, jedoch in Syntax und Lexik auch für Leserinnen und Leser unserer Zeit verständlich ist. Zentral ist dabei, dass die häufig verwendeten philosophischen Fachtermini in moderne Begrifflichkeiten überführt wurden, die für uns Heutige auch ein nachvollziehbares Bedeutungsspektrum repräsentieren. Diese sind als Vorschlag zu verstehen. Wer weiß, welche verschiedenen Bedeutungen die lateinischen Begriffe *animus*, *virtus* oder *ratio* haben, wird sich an mancher zeitgemäßen Übersetzung stoßen. Übersetzungen wie »Geist«, »Mannbarkeit« und »Vernunft« für die genannten lateinischen Begriffe verkürzen jedoch einerseits diese begriffliche Vielfalt empfindlich und sind andererseits für viele Menschen unserer Zeit schlicht miss- oder gar unverständlich.

Jenseits dieser rein philologischen Hinweise sei diese Vorrede aber drei zentralen Fragen unterworfen, die den nachfolgenden Inhalt der Texte Senecas entsprechend einordnen wollen: Warum Philosophie? Warum *antike* Philosophie? Und schließlich: Warum Seneca?

Warum Philosophie?

Dieser Frage müsste streng genommen die Frage ›Was ist Philosophie?‹ vorausgehen. Zunächst sollte man nämlich wissen, welchen Gegenstand man vor sich hat, bevor man sich darüber klar wird, warum man sich mit ihm auseinandersetzen möchte. Die Frage, was Philosophie sei, wurde in unzähligen Einführungen und philosophiehistorischen Überblicksdarstellungen zuhauf behandelt und zu beantworten versucht.

Der große deutsche Philosoph Immanuel Kant (1724–1804) hat in der Rückschau auf sein philosophisches Forschen und Fragen angemerkt, dass sich seine Beschäftigungen vor allem mit drei zentralen Fragen befasst haben: Was können wir wissen? Was sollen wir tun? Was dürfen wir glauben? Mit diesen Fragen ist auch eine Einteilung der Aspekte vorgenommen, mit denen sich die Philosophie befasst: Die erste Frage betrifft das menschliche Erkennen, die zweite das menschliche Handeln, die dritte schließlich die Gegenstände, über die wir keine sichere Auskunft geben können, die uns als Menschen jedoch unweigerlich angehen, ja bedrängen. Gerade mit der letzten Frage befinden wir uns schon im Bereich der Metaphysik und damit in einem Übergangsbereich zwischen Philosophie und Religion, die über viele Jahrhunderte nicht voneinander getrennt betrachtet wurden.

Man kann anhand der drei kantschen Fragen zunächst also festhalten, dass es der Philosophie um die großen und wichtigen Fragen der Welt und des Menschen in ihr geht. Die Antworten auf diese Fragen sollen dabei für die oder den Einzelnen und die Menschheit insgesamt Gültigkeit besitzen, und dennoch kann es in der Philosophie keine letzt- bzw. endgültigen Antworten geben, so dass jeder Mensch in seinem Nachdenken über das ›Warum?‹ in der Welt immer wieder von Neuem beginnen muss.

Dass der Mensch aber über diese Frage nachdenkt, ja nachdenken muss, ist zugleich Antwort auf die Frage ›Warum Philosophie?‹. Der Mensch ist höchstwahrscheinlich als einziges Lebewesen auf diesem Planeten zu einem Nachdenken und Hinterfragen seiner eigenen Existenz fähig. Dieses Hinterfragen ist zudem ein Kernbedürfnis des Menschen. Wir fragen nach tieferen Zusammenhängen, nach einem Sinn, nach einem Warum. Philosophie ist also ein menschliches Grundbedürfnis, und ein jeder Mensch sucht Antworten auf die sogenannten letzten Fragen, betreibt in seinem Inneren somit Philosophie – häufig ohne sich dessen immer voll bewusst zu sein.

Warum *antike* Philosophie?

Philosophisches Fragen ist untrennbar verbunden mit einem Blick in die Vergangenheit. Zentrale Fragen über den Kosmos, unser menschliches Dasein darin und die Zusammenhänge und Wechselwirkungen zwischen beiden sind keine modernen. Es ist Kennzeichen unserer Spezies als Homo sapiens, unsere Umwelt unseren Wünschen und Bedürfnissen anzupassen. Der Mensch selbst in seinem Wollen, seinen Ängsten, seinen Wünschen und Zielen ist jedoch immer noch der gleiche wie vor Jahrtausenden. Einen Unterschied machen lediglich die kulturelle Prägung bestimmter ethnischer Gruppierungen und der technische Fortschritt aus.

Die allermeisten tiefen Fragen wurden in der Vergangenheit bereits gestellt und von den damaligen Denkern und Gelehrten im Geiste ihrer Zeit – und ihr häufig weit voraus – beantwortet. Die ersten für uns noch greifbaren Spuren dieser Antworten finden wir im alten Indien und im alten China. In Zusammenhang mit der chinesischen Philosophie sind vor allem der Name Konfuzius (6./5. Jahrhundert v. Chr.) und dessen lebenskluge Spruchweisheiten heute noch ein Begriff.

Wenn wir von *antiker* Philosophie sprechen, meinen wir jedoch nicht das alte Indien oder China, sondern die Hochkulturen der alten Griechen und Römer. Sie haben nämlich unseren europäischen Kulturraum in vielerlei Hinsicht maßgeblich geprägt und sind in unserer heutigen Art zu leben nicht mehr wegzudenken – von den philosophischen Abhandlungen eines Platon, Aristoteles oder Cicero bis hin zu den Fremdwörtern unserer Sprache. Selbst der Begriff ›Philosophie‹ entstammt der klassischen Antike, meint »Liebe zur Weisheit«, und hat damit dem suchenden Fragen nach dem Warum erst seinen

Namen und seine für unseren Kulturkreis typische Prägung gegeben. Der britische Philosoph und Mathematiker Alfred North Whitehead (1861–1947) behauptete gar, »die sicherste allgemeine Charakterisierung der philosophischen Tradition Europas lautet, dass sie aus einer Reihe von Fußnoten zu Platon besteht«. Dies mag sicher überzogen sein, zeigt aber dennoch genau den Grund auf, warum es sich lohnt, sich mit antiker Philosophie zu beschäftigen. Sie ist das Denk-Fundament Europas. Wenn wir uns mit ihr befassen, befassen wir uns mit den Grundpfeilern abendländischen Denkens, das in vielerlei Hinsicht so aktuell ist, wie es zur Zeit seiner Abfassung war.

Warum gerade Seneca?

Wenn wir Whiteheads Zitat ernst nehmen, dürften wir nicht Seneca lesen, sondern müssten uns rein auf die Schriften Platons (428–348 v. Chr.) konzentrieren. Und wenn die Lektüre dieses herausragenden Philosophen grundlegend für beinahe alle weiteren Denker des Abendlandes ist, so weist doch Senecas Philosophie bestimmte Merkmale auf, die eine Beschäftigung mit seinen Schriften als besonders ertragreich erscheinen lassen:

Zunächst ist zu beachten, dass sich Senecas Denken aus der Philosophie des Hellenismus speist, jener Zeit, die vom Regierungsantritt Alexanders des Großen (336 v. Chr.) bis zur Eroberung Ägyptens durch die Römer (30 v. Chr.) reicht. Maßgeblich für die Philosophie dieser Zeit sind die Schulen des Epikureismus und der Stoa, die im Kern auf eine zentrale philosophische Fragestellung unterschiedliche, ja teilweise kontroverse Antworten gaben: der Frage nach dem für den Menschen höchsten Gut.

Während im Epikureismus ein an Annehmlichkeiten orientiertes Leben als das höchste Ziel gilt, geht die Stoa von einem grundlegenden Unterschied zwischen Weisen und Nicht-Weisen aus. Nur ein weiser Mensch kann sittlich gut handeln, besitzt Tugend in Vollendung, nur er kann als frei und glücklich gelten. Für die Stoa ist der gesamte Kosmos von einer höheren Kraft, der sogenannten Weltvernunft, durchströmt. Der weise Mensch hat mit seiner Vernunft Anteil an dieser Weltvernunft, so dass Kosmos, Welt und Mensch als beseeltes Ganzes gesehen werden können. Durch diese Ordnung ist der gesamte Ablauf des weltlichen Geschehens vorherbestimmt, und es ist Aufgabe und Ziel eines Weisen, sich in diese Ordnung einzufügen und sein damit verbundenes Schicksal freiwillig anzunehmen.

Was sich hier sehr rigoros und sehr theoretisch liest, gewinnt in Senecas Philosophie eine deutlich lebenspraktische Ausrichtung. Er selbst, 4 v. Chr. in Spanien geboren, erhielt seine philosophische und rhetorische Ausbildung in Rom, schlug zunächst eine politische Karriere ein, geriet unter die Räder einer kaiserlichen Machtpolitik und wurde im Zuge dessen für acht Jahre nach Korsika verbannt. Doch eine jede Machtstruktur benötigt fähige und gebildete Leute, und so wurde Seneca aus dem Exil zurückberufen, um als Erzieher des späteren Kaisers Nero zu wirken. Gerade die ersten Herrschaftsjahre Neros (er trat im Jahr 54 die Regierung an) standen stark unter dem Einfluss Senecas, der mit einem Amtskollegen zusammen die Verwaltungsgeschäfte des Reiches leitete. Als sich der labile Geisteszustand Neros jedoch immer offener zeigte, zog sich Seneca aus der Politik zurück, wurde wenig später von Nero der Verschwörung bezichtigt und zum Selbstmord gedrängt. Ihn vollzog er in philosophischer Gelassenheit im Kreise seiner Freunde. Wir erkennen in dieser aufs Wesentliche reduzierten

Biographie das wechselvolle Leben eines gleichermaßen gebildeten und politisch engagierten Menschen.

Gerade die Kenntnis dieser Wechselfälle führt dazu, dass Senecas Philosophie den stoischen Rigorismus durchbricht und die Emotionen als einen Teil des Menschen anerkennt – der jedoch keine Macht auf ihn ausüben dürfe. Bei Seneca steht hauptsächlich die Frage nach einem glücklichen und erfüllten Leben im Mittelpunkt der Betrachtung. Dieses besteht vor allem in der Unabhängigkeit von äußeren Gütern. An ihre Stelle tritt ein Leben gemäß der Weltvernunft, die den Kosmos durchzieht und an der, wie schon angesprochen, auch der Mensch Anteil haben kann. Die Aufgabe des Menschen liegt daher in einem Leben in Orientierung an dieser Weltvernunft und in der Vervollkommnung des eigenen Ichs.

Diesen Auftrag vermittelt Seneca in seinen Schriften insbesondere in Dialogform und in Briefform; damit nimmt er immer auf ein persönlich gedachtes Gegenüber Bezug und kann dadurch – anders als bei einem wissenschaftlichen Traktat – seinen Lesern auf Augenhöhe begegnen, persönliche Erfahrungen miteinbeziehen und einen unkomplizierteren Sprachstil anschlagen, der bisweilen sogar im Plauderton dem Gegenüber Tipps zur Lebensgestaltung gibt:

Der Hauptinhalt meines Vorgehens ist wie folgt: Was wir meinen, wollen wir aussprechen, was wir aussprechen, wollen wir auch so meinen. Die Rede soll mit der Lebensführung übereinstimmen.

(*Epistulae morales* 75,4)

Folgen wir also Seneca als Lotsen hin zu einem sinnerfüllten Leben im Glauben an die Autonomie des Menschen unter dem Gebot der Vernunft!

Wie ein glückliches Leben gelingt

Zehn philosophische Lektionen mit Seneca

LEKTION 1:
Wie führt man ein glückliches Leben?

Die Frage, wie man ein glückliches Leben führt, ist eine der schwierigsten und gleichzeitig wichtigsten, und in allen Epochen haben die Menschen sie sich gestellt. Sie ist unmittelbar verknüpft mit der Frage, was generell unter Glück im Sinne von Lebensglück bzw. Glückseligkeit zu verstehen ist. Die Vorstellung, dass Glück vor allem in Reichtum, Ehre, Macht, Gesundheit, Leistungsfähigkeit und einer langen Lebensspanne besteht, ist vermutlich älter als die Philosophie selbst, und man darf konstatieren, dass die genannten Aspekte vor allem in ihrer Kombination das Leben ungemein erleichtern und angenehmer gestalten.

Gleichzeitig sind alle diese Güter aber auch dem unwägbaren Schicksal ausgesetzt und kein Mensch hat eine Garantie, immer vermögend und gesund zu sein oder in ehrbarer Stellung und lange zu leben. Ebenso gibt es Menschen, die ein Leben in großer Glückseligkeit führen, dabei weder eine machtvolle gesellschaftliche Position innehaben noch mit außergewöhnlichem Reichtum gesegnet sind. Wenn wir an den Jahrhundertphysiker Stephen Hawking (1942–2018) denken, müssen wir sogar zu dem Schluss kommen, dass selbst ein extrem schlechter gesundheitlicher Zustand nicht per se ein glückliches und erfülltes Leben verunmöglicht.

Bereits der vorsokratische Philosoph Heraklit (6./5. Jahrhundert v. Chr.) hielt fest, dass wenn Glück in der Befriedigung leiblicher Genüsse bestünde, dann auch Ochsen ein glückliches Leben führen müssten, wenn sie Erbsen zum Fressen gefunden hätten. Eine inhaltlich vergleichbare, wenn auch differenziertere Sichtweise bietet Seneca in seinem Œuvre, besonders in dem programmatischen Werk *De vita beata – Vom glücklichen Leben*.

Definition: Was ist ein glückliches Leben?

Ein glückliches Leben besteht in der Übereinstimmung mit dem eigenen Wesen. Dies kann nur gelingen, wenn erstens ein gesunder Geist vorhanden ist und dieser fortdauernd im Besitz seiner Gesundheit ist. Zweitens, wenn er stark und energisch ist, ferner auf vortrefflichste Art leidensfähig, den Zeitumständen gewachsen, achtsam hinsichtlich des eigenen Körpers und der damit zusammenhängenden Dinge, jedoch nicht ängstlich. Sodann, wenn er achtsam gegenüber sonstigen Dingen ist, die das Leben ausmachen, ohne irgendeiner Sache zu viel Bedeutung beizumessen. Wenn er die Gaben des Schicksals nutzen, nicht ihnen dienen will.

(*De vita beata* 3,3)

Seneca stellt seine Definition eines glücklichen Lebens ganz in stoischer Tradition außerhalb der genannten vom Schicksal abhängigen Glücksgüter auf. Diese spielen für das Lebensglück keine Rolle. Ein Leben wird vor allem durch die innere Einstellung glücklich, wenn Ausgeglichenheit, Maß und Mitte die zentralen Orientierungspunkte sind.

Lebensglück: Eine Frage der eigenen Einstellung

Diese Ausgeglichenheit bezieht sich jedoch nur auf äußere Güter, also vom Schicksal abhängige Aspekte des menschlichen Lebens. Hinsichtlich der inneren Güter, allen voran der ethisch-moralisch richtigen und charakterfesten inneren Einstellung (*virtus*) des Menschen, gibt es jedoch kein Maß und keine Mitte – sie gilt als *summum bonum*, als höchstes Gut.

Das höchste Gut besteht in einer stabilen inneren Stärke, in Weitblick, Erhabenheit, Besonnenheit, Freiheit, Harmonie und sittlicher Würde. Das höchste Gut ist eine innere Einstellung, die Zufälliges verachtet und froh ist über ihre ethische Grundhaltung. ... Was nämlich hindert uns daran, ein glückliches Leben als eine freie, aufrichtige, unerschrockene und feste innere Einstellung zu definieren, jenseits von Furcht und Gier? Als eine innere Einstellung, der ein ehrbares Verhalten das einzige Gut, ein unmoralisches Verhalten als einziges Übel gilt? Der die übrige Menge an Dingen bedeutungslos ist, weil diese dem glücklichen Leben weder zu- noch abträglich ist und ohne Steigerung oder Minderung des höchsten Gutes kommt und geht?

(De vita beata 2,2–3)

... Deshalb darf man mutig bekennen, dass das höchste Gut innere Harmonie bedeutet. Charakterstärke wird sich nämlich zwangsläufig dort einfinden, wo jemand mit sich im Reinen ist. Charakterliche Schwächen sind immer ein Ausdruck innerer Zerrissenheit.

(De vita beata 8,6)

Nicht äußere Güter also, sondern nur die inneren sind willentlich beeinflussbar. Nur hinsichtlich seines inneren Wesens vermag der Mensch daher Veränderungen vorzunehmen, die dann jedoch weitreichende Folgen haben. Sobald man nämlich die geforderte innere Einstellung, äußere Güter geringzuschätzen, angenommen hat, folgt als Konsequenz die Möglichkeit zur willentlichen Beeinflussung des eigenen Lebens.

Man erkennt aber, welcher schlimmen und schädlichen Sklaverei derjenige dienen wird, den Vergnügen und Schmerz – Herrscher ohne jegliche Beständigkeit und ohne jeglichen Einfluss – abwechselnd in Besitz nehmen. *(De vita beata 4,4)*

Jeder Mensch soll gegenüber äußeren Dingen unbestechlich und unüberwindlich und ein Bewunderer nur seiner selbst, voll Vertrauen auf sein inneres Wesen und ein Gestalter seines Lebens sein; sein Vertrauen sei nicht ohne Wissen, das Wissen nicht ohne Beständigkeit: Einmal getroffene Entscheidungen sollen Bestand haben, und es soll darin keine Korrekturen geben. *(De vita beata 8,3)*

Durch die Erlangung des höchsten Gutes in Form einer ethisch-sittlichen Charakterstärke vermag es der Mensch aber nicht nur, seinem Leben äußerste Konstanz und Unabhängigkeit zu verleihen, er übersteigt dadurch auch sein eigenes menschliches Wesen und orientiert sich hin zu einem göttlichen Vorbild. Die Fokussierung der inneren Einstellung auf die unveränderlichen inneren Güter bewirkt unmittelbar ein glückliches Leben.

Also besteht das Glück in moralischer Charakterstärke. Was wird dir diese Charakterstärke für einen Rat geben? Dass du nichts für ein Gut oder ein Übel hältst, was sich weder durch Charakterstärke noch durch Böswilligkeit einfindet. Zudem, dass du leidenschaftslos bist gegen das Übel und auf der Seite des Guten stehst. … Was verspricht sie dir für diese Unternehmung? Gewaltiges und Gottgleiches: Du wirst zu nichts gezwungen werden, du wirst keiner Sache bedürfen; du wirst frei sein, sicher und unbeschadet; nichts wirst du vergeblich versuchen, an nichts gehindert werden; alles wird sich nach deiner Ansicht fügen, nichts Widriges wird sich ereignen, nichts gegen deine Meinung und deinen Willen. ... Was kann denn jemandem fehlen, der außerhalb jeden Begehrens steht?

(De vita beata 16,1–3)

Den äußeren Umständen trotzen

Wenngleich der Mensch sich für ein glückliches Leben rein auf seine inneren Werte und Eigenschaften fokussieren und äußere Güter im wahrsten Sinne des Wortes außen vor lassen sollte, so ist es doch unstrittig, dass die Unwägbarkeiten des Lebens dieses doch merklich beschweren. Wie sollte man als philosophisch gebildeter Mensch nun mit dem Verlust von Gesundheit, Wohlstand und Ehre umgehen? Orientierungspunkt ist auch hier wieder die eigene Charakterstärke:

Sie wird tapfer standhalten, und was auch geschehen wird, wird sie ertragen, nicht nur duldend, sondern sogar willentlich, und sie wird wissen, dass jede Schwierigkeit der Zeitumstände ein Naturgesetz darstellt. Und wie ein guter Soldat wird sie Verwundungen aushalten, wird Narben zählen, und noch durchbohrt von Geschossen wird sie den, für den sie fällt, lieben: den Feldherrn. ...

(De vita beata 15,5)

Diese innere Stärke bewahrt den Menschen also davor, ein Spielball des Schicksals zu werden. Im Grunde gewährleistet sie, dass er sich der Unwägbarkeiten alles Irdischen bewusst wird und mögliche Wechselfälle des Schicksals nicht nur tapfer erträgt, sondern sich sogar ausdrücklich mit diesen auseinandersetzt und seine Lebensgestaltung nicht von ihnen abhängig macht.

Wer auch immer aber klagt, jammert und stöhnt, er werde gewaltsam gezwungen, das Befohlene zu tun, wird nichtsdestotrotz gegen seinen Willen zu Gehorsam verpflichtet. Wie irrsinnig aber ist es, lieber gezogen zu werden als zu folgen! Genauso – bei Gott! –, was für eine Dummheit und Unkenntnis der eigenen Lage ist es, Schmerz zu empfinden, weil einem irgendetwas fehlt oder sich ein ziemlicher Härtefall ereignet hat? Ebenso zu bewundern oder zu missgönnen, was guten Menschen ebenso zustößt wie schlechten; Krankheiten meine ich, Begräbnisse, körperliche Schwäche und alles Weitere, was dem menschlichen Leben in die Quere kommt. Was auch immer man aufgrund des Zustandes der Welt erdulden muss, soll man mit innerer Größe auf sich nehmen. Diesem Treueeid sind wir verpflichtet: Die Vergänglichkeit hinzunehmen und durch die Dinge nicht in Verwirrung gebracht zu werden, die nicht in unserer Macht liegen. (*De vita beata* 15,6–7)

Mach dich selbst glücklich! Du wirst es aber erst schaffen können, wenn du verstanden hast, dass die guten Dinge die sind, die mit sittlicher Charakterstärke im Zusammenhang stehen, die schlechten Dinge die, die mit Schlechtigkeit in Verbindung stehen. Wie aber ohne eine Mischung mit Licht nichts strahlt und nichts schwarz ist, außer was Dunkles enthält oder etwas Dunkles an sich gezogen hat, und wie ohne Hilfe des Feuers nichts warm, ohne Luft nichts kühl ist, so bewirkt die Gemeinschaft mit sittlicher Charakterstärke und Schlechtigkeit entsprechend Anständiges und Schlechtes. Was ist also das Gute? Die Kenntnis der Dinge. Was ist das Schlechte? Die Unkenntnis der Dinge. ...

Hierzu kommt noch jener Aspekt, dass sittliche Charakterstärke in Vollendung in einem gleichmäßigen Fortgang des Lebens besteht, der in allen Dingen mit sich im Einklang ist. Das ist nur möglich durch die Kenntnis der Dinge und die Fähigkeit, durch die man Menschliches und Göttliches erkennt. Das ist das höchste Gut: Wenn man sich dieses aneignet, beginnt man ein Verbündeter der Götter zu sein und nicht ihr Unterworfener.

(*Epistulae morales* 31,5–6.8)

Die *virtus* also vermag dem Menschen auch eine konkrete Richtschnur für die Erkenntnis von Gut und Böse zu sein. Dadurch ermöglicht sie ein Leben in Ausgeglichenheit und Einklang mit der Welt, ja dem gesamten Kosmos. Diese Ausgeglichenheit bzw. dieser Einklang erhebt den weisen Menschen somit über Äußerlichkeiten und allzu Menschliches und versetzt ihn sogar in die Position, höheren Mächten auf Augenhöhe zu begegnen.

An vielen Stellen in seinem Werk konkretisiert Seneca seine philosophischen Ansichten durch Anekdoten. Das nachfolgende Textstück greift die Unterscheidung zwischen nur äußeren und wahren, weil inneren, Gütern auf und pointiert sie, da äußere Güter zu fremden Gütern gesteigert werden, die somit auch sprachlich als losgelöst vom Individuum zu betrachten sind. Ein solcher Gedankengang erscheint logisch und nachvollziehbar, bei genauerer Überlegung werden auch wir für uns feststellen können, dass viele materielle Dinge in unserem Besitz sind, deren Verlust möglicherweise kurzzeitig schmerzen könnte, die aber auf uns als Menschen und unsere Haltung zur Welt keinerlei Einfluss haben. Dies sind die bei Seneca immer wieder thematisierten äußeren Güter, die streng genommen gar keine Güter sind. Der Gedankengang wird in der sich anschließenden Anekdote dann noch gesteigert: Seneca erzählt vom Philosophen Stilpon (4./3. Jahrhundert v. Chr.), der mit seiner radikalen Einstellung zu äußerem Besitz als Ideal für die Geringschätzung äußerer Güter gelten kann. Doch ob man als Nicht-Philosoph seine Meinung in allen Aspekten teilen kann?

Deshalb wird er [ein weiser Mensch] nichts verlieren, dessen Verlust er als solchen empfinden wird. Er ist nämlich lediglich im Besitz seiner charakterstarken inneren Einstellung, aus der man ihn niemals vertreiben kann. Alles Übrige verwendet er, als wäre es nur bis auf Widerruf genehmigt. Wen aber würde der Verlust eines fremden Gutes aufregen? Wenn aber das Unrecht nichts von dem beschädigen kann, was Eigentum eines weisen Menschen ist, dann kann einem weisen Menschen auch kein Unrecht geschehen, weil bei unversehrter Charakterstärke auch sein Eigentum unversehrt ist:

Demetrius, der den Beinamen Poliorketes trug, hatte die Stadt Megara eingenommen. Als der Philosoph Stilpon von ihm gefragt wurde, ob er etwa irgendetwas verloren hätte, gab dieser zur Antwort. »Nichts. Alles, was mir gehört, habe ich bei mir.« Und doch war sowohl sein Vermögen Teil der Beute geworden, der Feind hatte seine Töchter verschleppt, seine Heimat war unter fremde Besatzungsmacht geraten, und gerade ihn bedrängte der König umgeben von den Waffen seines siegreichen Heeres von oben herab mit Fragen. Er aber machte ihm den Sieg madig und versicherte, dass er trotz der Einnahme der Stadt nicht nur unbesiegt sei, sondern geradezu ohne Verlust. Er hatte nämlich die wahren Güter bei sich, an die nicht Hand angelegt werden kann. Was aber an Raubgut fortgetragen wurde, erachtete er nicht als seine Güter, sondern als Zufälliges und etwas, das dem Wink des Schicksals folgt. Deshalb hatte er es als etwas gesehen, das nicht sein Eigentum ist. Denn der Besitz aller Dinge, die von außen kommen, ist trügerisch und ungewiss. *(De constantia sapientis* 5,5–7)

Charakterstärke: Von nichts kommt nichts

Die charakterliche Einstellung verbürgt also die Möglichkeit zu einem glücklichen Leben jenseits von dessen naturgegebenen Wechselfällen. Je nach Situation kann sie in verschiedenen Eigenschaften und Tugenden zum Ausdruck kommen, immer jedoch bedarf es des persönlichen Einsatzes, das heißt der willentlichen Anwendung bestimmter Tugenden.

Glaube aber nicht, dass irgendeine Form ethischer Charakterstärke ohne Anstrengung existiert. Manche Charaktereigenschaften muss man anspornen, manche zügeln: Wie man seinen Körper auf abschüssigem Terrain bremsen und gegen Anstiege antreiben muss, so befinden sich manche Charaktereigenschaften auf abschüssigem Terrain, manche steigen Anstiege hinauf. Oder besteht ein Zweifel daran, dass Geduld, Tapferkeit, Hartnäckigkeit und jede andere Tugend, die sich schwierigen Situationen entgegenstellt und das Schicksal bezwingt, sich erheben, entgegenstemmen und ankämpfen? Was also ist noch unklar? Steht es nicht gleichermaßen offenkundig fest, dass Freigebigkeit, Mäßigung und Milde auf abschüssigem Weg gehen? Bei diesen konzentrieren wir uns, dass wir nicht ausrutschen, bei den erstgenannten spornen und treiben wir uns schonungslos an. *(De vita beata* 25,5–7)

Einem guten Menschen kann nichts Böses zustoßen: denn Gegensätze kann man nicht vermischen. Wie so viele Ströme, so große Regenmengen vom Himmel und eine so hohe Wasserqualität von Heilquellen den Geschmack des Meeres nicht verändern können, ja nicht einmal abmildern können, so kann ein Ansturm des Unglücks das charakterliche Format eines innerlich starken Menschen nicht verändern: Er bleibt, wie er ist, und macht für sich passend, was auch immer geschieht. Er ist nämlich mächtiger als alles, was von außen kommt. Ich sage nicht: Er spürt das nicht, sondern: Er überwindet es, und, sonst ruhig und gelassen, lehnt er sich gegen das auf, was gegen ihn anrennt: Alles, was gegen ihn steht, betrachtet er nur als eine Übung. ...

Ohne Gegner erschlafft die Charakterstärke. Dann zeigt sich, wie groß und wie kraftvoll sie ist, wenn sie durch Geduld zeigt, wozu sie fähig ist. Du sollst wissen, dass gute Menschen beides tun müssen: vor Härten und Schwierigkeiten nicht zurückschrecken und sich über das Schicksal nicht beklagen. Mit dem, was kommt, zufrieden sein, es zum Guten wenden. Es kommt nicht darauf an, *was* man erträgt, sondern *wie*. (De providentia 2,1)

Die charakterstarke innere Einstellung, die dem Menschen Gelassenheit verleiht und ihn damit unabhängig von äußeren Dingen macht, bedarf also auch der Herausforderung, die vor allem in der Auseinandersetzung mit diesen – meist unangenehmen – äußeren Dingen besteht.

Das Ideal des Weisen

Sich so erhaben und unberührt von Wechselfällen des Lebens zu positionieren ist schwer. Das Schicksal schlägt manchmal mit voller Wucht zu und verändert das Leben schlagartig. Nicht jeder und jedem und nicht immer ist es möglich, diesem Umstand mit der sprichwörtlich gewordenen stoischen Ruhe und inneren Gelassenheit zu begegnen, das weiß auch Seneca. Ziel muss es folglich sein, das Bild des in sich ruhenden Weisen, der glücklich ist, weil er bewusst jenseits von den Unwägbarkeiten des Schicksals lebt, als ein Ideal zu verstehen. Dieses Ideal kann ein Orientierungspunkt bei der Lebensgestaltung sein; ob man es aber tatsächlich erreichen kann, ist fraglich. Seneca sieht sich selbst dabei auch als jemanden, der noch auf dem Weg dorthin ist.

Wenn daher einer von denen, die die Philosophie anschnauzen, für gewöhnlich sagt: »Warum also sprichst du geradliniger, als du lebst? Warum wählst du vor einem Höhergestellten unterwürfige Worte, hältst Geld für ein dir unabdingbares Mittel zum Zweck, wirst von einem Verlust in Unruhe versetzt, vergießt Tränen bei der Nachricht vom Tod der Ehefrau oder eines Freundes, nimmst Rücksicht auf deinen guten Ruf und wirst von böswilligem Gerede nicht kaltgelassen? Warum hast du ein gepflegteres Landgut, als es ein der Natur angemessener Gebrauch fordert? Warum speist du nicht gemäß deiner eignen Vorschrift? Warum hast du glänzenderes Geschirr? Warum trinkt man bei dir Wein, der älter ist als du selbst? Warum wird eine Voliere aufgestellt? Warum werden Bäume gepflanzt, die nichts als Schatten geben sollen? Warum trägt deine Frau den Wert eines begüterten Hauses an den Ohren? Warum sind die Pagen kostbar gekleidet? Warum gibt es bei dir ein Tischprotokoll, und wird nicht das Tafelsilber, wie es gerade kommt, eingedeckt, sondern es wird kundig gedient und es gibt einen, der die Beilage vorschneidet? ...«

Dies antworte ich dir: »Ich bin kein Weiser, und um deiner üblen Nachrede noch Vorschub zu leisten: Ich werde es nicht sein. Fordere also von mir nicht, den Besten ebenbürtig zu sein, sondern besser als die Schlechten: Mir ist es genug, täglich etwas von meinen Fehlern wegzunehmen und meine Irrtümer anzuprangern. Ich habe die geistige Gesundheit noch nicht erreicht und werde sie nicht einmal erreichen. Ich bereite meiner Gicht eher Linderungsmittel als Heilmittel und bin zufrieden, wenn sie seltener auftritt und wenn sie weniger kribbelt.«

(*De vita beata* 17,1–4)

Nicht einmal dieses Gift, mit dem ihr andere besspritzt und euch selbst tötet, wird mich davon abhalten, dass ich fortfahre, ein Leben zu loben, das ich nicht selbst führe, sondern von dem ich weiß, dass man es führen müsste.

(*De vita beata* 18,2)

Ich verachte die ganze Herrschaft des Schicksals, aber wenn die Auswahl besteht, nehme ich davon das Bessere. Was auch immer zu mir kommt, wird gut werden, aber ich will lieber, dass Leichtes und Angenehmes kommt und was in geringerem Maße Qualen mit sich bringt.

(*De vita beata* 25,5)

Der Weg ist das Ziel, die Philosophie ist der Weg

Man erkennt in der eben zitierten Passage die deutlich lebenspraktische Ausrichtung von Senecas Philosophie. Es geht nicht um Askese und Weltflucht, sondern darum, die Äußerlichkeiten des Lebens, wie etwa Macht, Reichtum und soziale Stellung, tatsächlich außen vor zu lassen. Nur die willentlich beeinflussbare innere Einstellung zu den Dingen kann als wertvoll gelten und ist somit die grundlegende Bedingung eines glücklichen Lebens.

Diese innere Einstellung stellt ein nur schwer erreichbares Ideal dar, doch ein Lebensweg mit diesem Ideal als Bezugspunkt kann schon ein erfüllender und heilsamer sein. Der Weg, auf dem ein solches Leben zu beschreiten ist, ist immer der der Philosophie.

... Niemand kann glücklich leben, nicht einmal erträglich, ohne Philosophie zu betreiben. Und vollendete Weisheit bewirkt ein glückliches Leben, eine im Beginn begriffene Weisheit übrigens schon ein erträgliches. Aber das, was klar feststeht, muss gestärkt und durch tägliche innere Überlegung tiefer eingeprägt werden: Größere Mühe besteht darin, Vorsätze einzuhalten, als sich Ehrenvolles vorzunehmen. *(Epistulae morales* 16,1)

Die Philosophie zeigt uns somit, dass ein glückliches Leben ein angenehmes sein kann, aber nicht sein muss. Der Widerspruch zwischen einem Leben in Wohlstand und der Forderung nach Geringschätzung aller äußeren Güter ist demnach nur ein scheinbarer. Immer geht es um die Bewusstmachung, dass äußere Güter ein angenehmes Leben ermöglichen können, aber nur die inneren Güter ein glückliches. Die innere Stabilität und die auf philosophischer Wahrheit gründende Beständigkeit werden damit zur Basis der Glückseligkeit.

Die Philosophie lehrt zu handeln, nicht zu reden, und sie fordert dazu auf, dass ein jeder nach ihrem Gesetz lebt, damit kein Widerspruch zwischen der praktischen Lebensführung und der philosophischen Theorie oder gar im Leben selbst besteht. ... *(Epistulae morales* 20,2)

Was ist Weisheit? Immer das Gleiche wollen und das Gleiche nicht wollen. *(Epistulae morales* 20,5)

Diese innere Konstanz, in der Seneca die Weisheit realisiert sieht und die sich erst in einer praktischen Lebensführung wirklich ausdrückt, braucht einen inneren Kompass. Durch ihn gelingt es dem weisen Menschen, verlässlich den Weg zu einem glücklichen Leben zu finden. Dieser Kompass ist für Seneca die Vernunft, wie wir in der folgenden Lektion sehen werden.

LEKTION 2:
Der Mensch als Vernunftwesen

Die Frage, was der Mensch sei und welches Bild er sich von sich selbst machen dürfe, wird durch die Jahrhunderte kontrovers diskutiert. Der große österreichische Psychoanalytiker Sigmund Freud (1856–1939) sprach gar von drei großen Kränkungen, die die Menschheit in ihrem Selbstbild erfahren habe: Nach der kopernikanischen Wende (16./17. Jahrhundert) ist die Erde und damit auch der Mensch nicht mehr Mittelpunkt des Universums, sondern die Sonne. Nach Charles Darwin (1809–1882) ist der Mensch nicht mehr letzte und höchste Kreatur Gottes, sondern hat mit dem Affen gemeinsame Vorfahren. Nach Freud selbst ist auch das Bewusstsein des Menschen (Freud nennt es das ›Ich‹) kein eigentümlich freies, sondern wird zwischen seinen animalischen und instinkthaften Trieben (nach Freud: das ›Es‹) und den moralischen Normen und Wertvorstellungen einer bestimmten Gesellschaft (nach Freud: das ›Über-Ich‹) erst herausgebildet bzw. eingeengt.

Hätten sich Freud und Seneca zu einem gebildeten Gespräch treffen können, hätte Seneca diese Ansicht wohl bestätigt, basiert sie doch auf empirischen und damit wissenschaftlichen Forschungsergebnissen. Womöglich hätte er als Vertreter der Stoa sie jedoch um einen zentralen Punkt erweitert: und zwar um die *ratio*, einen Begriff, der gemeinhin mit »Vernunft« übersetzt wird, der aber, wie wir noch sehen werden, weitaus mehr meint.

Grundlage: Die Vernunft steckt in uns

So kann auch ein Mensch, der nicht mehr im Mittelpunkt des Universums lebt, keine Kreatur Gottes ist und dessen Ich von äußeren Faktoren determiniert ist, sich dieses Zustandes vermittels seines Verstandes, also der *ratio*, bewusst werden. Freud selbst ist ein Beispiel für diese Erkenntnis. Und trotz der aufgeführten Tatsachen, die das Selbstbild des Menschen determinieren, ist ihm die Möglichkeit eines glücklichen Lebens unbenommen. Für die Stoa ist der gesamte Kosmos nämlich ein geordnetes Ganzes. Die ordnende Kraft, das allumfassende Wirkprinzip des Kosmos, wird ebenfalls als *ratio* bezeichnet und meist mit »All-Vernunft« oder »Welt-Vernunft« übersetzt. Da der Mensch auch ein Teil dieses vernunftdurchwirkten Kosmos ist, hat auch er Anteil an der *ratio*, die in der Vernunft gleichsam als höhere Macht in ihm lebt und wirkt. Somit kann er, unabhängig von äußeren Gegebenheiten, sein Leben bewusst und vernünftig gestalten.

In uns wohnt die heilige Weltseele, die Beobachterin und Bewacherin unserer schlechten und guten Taten: Wie sie von uns behandelt wird, so handelt sie auch an uns. ... Halte am Menschen das hoch, was man ihm weder rauben noch geben kann, was dem Menschen wirklich gehört: Du fragst, was das sei? Sein charakterliches Format und die Vernunft, die darin zur Vollendung kommt. Der Mensch ist nämlich ein vernunftbegabtes Lebewesen. *(Epistulae morales 41,2.8)*

Die *ratio* ermöglicht eine hoffnungsvolle Entkoppelung von unverrückbar Gegebenem und der persönlichen Einstellung dazu. Das Leben eines Menschen, der diesen Zusammenhang erkannt, verstanden und in seine Art zu leben integriert hat – eines Weisen also –, wird somit von äußeren Umständen unabhängig und frei.

Wenn du dir alles unterwerfen willst, dann unterwirf dich der Vernunft. ... Von ihr wirst du lernen, was du in Angriff nehmen musst und wie: Von äußeren Dingen wirst du nicht abhängig sein.

(Epistulae morales 37,4)

In diesem Textauszug benennt Seneca aus stoischer Perspektive, was verschiedene Philosophenschulen und auch Religionen immer wieder in den Fokus gerückt haben: Der Mensch verfügt offenbar über einen inneren ›Werte-Kompass‹, der ihm eine Orientierung zum Positiven, zum Guten hin ermöglicht. Für die Stoa ist dieser innere Werte-Kompass mit der Weltvernunft, der *ratio*, identisch. Somit ist es für den Menschen zentral, sein Handeln danach auszurichten.

Vernunftgemäß leben: Ausprägung und Folgen

Vernunftgemäß leben heißt somit, sein Leben in Orientierung an der höheren Kraft der *ratio* auszurichten, was zwangsläufig eine Geringschätzung irdischer Unwägbarkeiten nach sich ziehen muss.

Wenn du jemanden gesehen hast, der unerschrocken in Gefahrensituationen ist, der frei ist von niederem Begehren, der in unglücklichen Umständen glücklich ist, der mitten in stürmischen Zeiten Gelassenheit zeigt, der die Menschen von einer höheren Warte aus sieht und auf einer Ebene mit den Göttern steht, beschleicht dich dann nicht Bewunderung für diesen Menschen? ... Eine göttliche Kraft ist in ihn eingegangen. Eine himmlische Macht ist der Impuls für diese herausragende innere Einstellung, eine maßvolle, die alles wie etwas von zu geringem Wert hinter sich lässt. Die für alles, was wir fürchten und wünschen, nur ein Lächeln übrighat. So etwas Besonderes kann nicht ohne Beistand von oben bestehen: Daher ist es zu einem Großteil dort, woher es herabgekommen ist. Wie die Strahlen der Sonne zwar die Erde berühren, aber dort sind, woher sie ausgesandt wurden, so ist diese große und heilige innere Ausrichtung auch hierher herabgesandt ...   (*Epistulae morales* 41,4–5)

Unerschrockenheit, Gelassenheit und die sprichwörtlich gewordene stoische Ruhe zeichnen also eine Person aus, die in vollkommener Orientierung an der überweltlichen Kraft der *ratio* lebt. Diese wohnt zudem im Menschen, wenngleich sie nicht vollständig im praktischen Leben realisiert werden kann. Der Mensch kann also in seinem Handeln immer nur einen Abglanz der Weltvernunft zeigen, wie der Vergleich mit den Strahlen der Sonne bildhaft illustriert. Doch führt bereits dieser zu einer grundlegenden Veränderung menschlichen Verhaltens.

Vernunftgemäß leben: Umsetzung

Auch wenn die Teilhabe an der Weltvernunft dem Menschen generell möglich ist, da er durch seine angeborene Fähigkeit zu vernunftgemäßem Handeln Anteil an ihr hat, lebt und handelt ein Großteil der Menschen gerade nicht vernunftgemäß und ist sich des skizzierten Zusammenhangs zwischen Weltvernunft und persönlicher Fähigkeit zu vernunftgemäßem Handeln nicht bewusst. Wie also können wir nun gemäß unserer *ratio* leben? Welche konkreten Handlungsanweisungen gibt Seneca uns?

Es bedarf zunächst einer charakterstarken inneren Einstellung: der *virtus*. Durch sie ist es möglich, die Unwägbarkeiten des Lebens gelassen zu ertragen und, wo man es kann, zu verbessern. Die *virtus* ist die praktische Ausprägung der Teilhabe an der im stoischen Gedankengebäude theoretisch grundgelegten Weltvernunft, der *ratio*. Sie befähigt den Menschen zur Teilhabe an dieser größeren bzw. höheren Kraft, die Weltliches, Menschliches und schließlich den Menschen selbst übersteigt. In diesem Übersteigen alles Irdischen durch die *virtus* ist zudem die Fähigkeit zur Unterscheidung zwischen Gut und Schlecht sowie zum glücklichen Leben grundgelegt. Sie gewährleistet, so haben wir schon in Lektion 1 gesehen, die Möglichkeit, sich über das zu erheben, was gemeinhin als wichtig bzw. bedrohend für den Menschen und sein Leben wahrgenommen wird.

Seneca hebt diesen hier knapp zusammengefassten Sachverhalt in seinen Texten auf vielfältige Weise immer wieder heraus und konkretisiert ihn an verschiedenen Beispielen. Am bekanntesten ist hier das Exempel der Verachtung des Todes, der vom stoischen Weisen bereitwillig akzeptiert wird. Dies galt auch für Seneca, der nach der Anklage und dem damit verbundenen Todesurteil durch seinen früheren Zögling Nero gelassen und unbeeindruckt in den Tod ging (siehe Lektion 9). Doch eine an der *ratio* orientierte und in der *virtus* praktizierte Lebenseinstellung zeigt sich nicht nur am Ende eines Lebens, sondern auch in eher alltäglichen Situationen, beispielsweise in der Verachtung des Urteils der Masse.

Was auch immer die wahre Vernunft empfiehlt, ist beständig und unvergänglich. Sie stärkt das charakterliche Format und richtet es zu Höherem auf. Die Dinge, die man blindlings lobt und die nach Maßgabe der Masse wertvolle Güter sind, blasen die Menschen durch Nichtigkeiten zur Freude auf. Umgekehrt jagt das, was man wie ein Übel fürchtet, den Menschen Angst ein, nicht anders, als der Anblick von Gefahr Tiere verschreckt. Beides bringt also die richtige innere Einstellung grundlos aus dem Tritt und quält sie: Aber weder ist das Erste der Freude würdig noch das Zweite der Furcht. Nur die Vernunft ist unveränderlich und hält beständig an ihrem Urteil fest: Sie dient nämlich nicht den Sinnen, sondern befiehlt ihnen. ... Die Vernunft also ist Richterin über gut und schlecht; Fremdes und rein Äußerliches erachtet sie für wertlos, und das, was weder gut noch schlecht ist, beurteilt sie als sehr kleine und unerhebliche Zugaben.

(*Epistulae morales* 66,31–32.35)

Die Vernunft kann den Menschen also vor einer Fehleinschätzung äußerer Güter schützen. Für die breite Masse stellt rein Äußerliches wie Besitz, Ruhm, Ehre, Karriere erstrebenswerte Güter dar. Ihr Verlust bzw. deren Gegenteile, wie beispielsweise Armut, Spott, ausbleibender beruflicher Erfolg oder auch Prüfungen des Schicksals, führen demgemäß zu Angst und Krisen. In Orientierung an der Vernunft kann man jedoch erkennen, dass es sich bei diesen Gütern um nur äußerliche Aspekte des menschlichen Lebens handelt. Zwar ist nicht zu leugnen, dass sie das Leben deutlich angenehmer gestalten – Reichtum macht das Leben angenehmer als Armut, Erfolg angenehmer als Misserfolg –, doch stellen sie keinen Wert an sich dar. Dieser liegt im Menschen selbst und kann durch eine bewusste innere Einstellung (siehe Lektion 1) und Ausrichtung an der Vernunft wahrgenommen und gelebt werden.

Wir können resümieren: Nach der Stoa ist der gesamte Kosmos von einer höheren, ordnenden Kraft, der All-Vernunft (*ratio*), durchzogen. Der Mensch hat als ein lebendes Element dieses Kosmos auch Anteil daran und kann sie bewusst in die Gestaltung seines eigenen Lebens mit hineinnehmen. Dies führt zur Ausbildung einer inneren Charakterstärke (*virtus*), die es ihm ermöglicht, die äußeren Unwägbarkeiten dieser Welt gering zu schätzen und damit sein Leben frei von den Dingen zu gestalten, die von der Masse als wertvoll angesehen werden. Rufen wir uns unser fiktives Treffen von Sigmund Freud und Seneca vom Anfang des Kapitels wieder ins Gedächtnis, so könnte Freud sein Menschenbild wie folgt auf den Punkt bringen: »Der Mensch ist von allen Seiten determiniert, auch von seiner Psyche.« Seneca würde vermutlich antworten: »Stimmt. Aber durch eine Orientierung an der Vernunft kann er sich selbst befreien.«

LEKTION 3:
Die innere Distanz zu Emotionen finden

Der zentrale Begriff dieses Kapitels – ›Emotion‹ – wurde bewusst gewählt. Obwohl er sich vom lateinischen Verb *emovere* ableitet, zu Deutsch »herausbewegen« oder »emporheben«, »erschüttern«, ist er ein durch und durch moderner. Wir sprechen ganz selbstverständlich von einer ›emotionalen Rede‹ oder einem ›emotionalen Abschied‹, und das Magazin *emotion* bietet »Inspiration für selbstbestimmte Frauen«. Niemand käme in einem solchen Zusammenhang auf die Idee, die deutsche Begrifflichkeit ›Gemütsbewegung‹ oder das alternative Fremdwort ›Affekt‹ zu verwenden. Zudem ist der Begriff der ›Emotion‹ im modernen Sprachgebrauch eher positiv besetzt: Wenn etwas ›emotional‹ ist, zieht es uns stärker in seinen Bann, wirkt länger nach und gewinnt einen höheren Stellenwert in unserer Betrachtung. Gerade diese Tatsache macht Emotionen auch für Werbeagenturen so interessant, die ganz offen ein ›Emotion Based Targeting‹ betreiben, wie es in der Fachsprache genannt wird, um die Kauflust des Kunden über eine geistige Verbindung zwischen Produkt und Emotion zu steigern.

Für die Stoa und damit auch für Seneca gestaltet sich dieser Zusammenhang deutlich verschieden von unserer modernen Betrachtungsweise: Emotionen gelten generell als etwas Negatives. Wir wissen aus Lektion 2, dass die *ratio*, die Weltvernunft, die zentrale lenkende Kraft des Kosmos ist. An ihr hat der Mensch Anteil, und indem er sich an ihr ausrichtet, kann er ein glückliches Leben führen. Sie ist es nämlich, die den Orientierungspunkt von äußeren Dingen auf die wirklich bedeutsamen inneren Güter verlegt. Emotionen – Seneca spricht im Zusammenhang von *affectus*, »Affekten« – stehen einer solchen Einstellung grundsätzlich im Wege. Zwar gesteht Seneca anders als seine strengeren stoischen Vorgänger dem Menschen spontane Regungen wie Jubel und Freude oder auch Kummer und Schmerz zu, hält sie sogar für ein Zeichen von Menschlichkeit. Niemals dürfen diese Emotionen aber die Herrschaft über das Innere des Menschen erlangen, da sie ihn von einem an der *ratio* orientierten Lebensweg abbringen.

Was sind Emotionen überhaupt?

Emotionen sind zu kritisierende Wallungen des menschlichen Innenlebens, die plötzlich und heftig auftreten. Wenn sie häufiger auftreten und übergangen werden, machen sie den Menschen krank, wie eine einzelne und noch nicht chronische Erkältung einen Husten mit sich bringt, eine chronische und verschleppte aber sogar Tuberkulose auslösen kann. (*Epistulae morales* 75,10)

... Wo Emotionen einmal Einzug erhalten haben, gibt es keine Vernunft mehr und freiwillig wird ihnen ein Recht eingeräumt. ... Unser Inneres ist nämlich nicht separiert und betrachtet die Emotionen nicht von außen, um deren übertriebene Ausbreitung zu verhindern. Vielmehr verwandelt es sich selbst in Emotionen und kann daher jene nützliche und heilsame Kraft (der Vernunft) nicht erneuern, wenn diese ungeschützt und schon geschwächt ist. Denn unser Inneres und die Emotionen haben, wie ich sagte, keinen klar voneinander getrennten Platz, sondern Emotion und Vernunft bestehen in einer Veränderung des menschlichen Innern zum Besseren oder Schlechteren. (De ira 1,82–83)

Dieser Ansatz wirkt geradezu modern, und er zeigt klar, warum man mit Emotionen vorsichtig sein sollte. Seneca hält hier nämlich fest, dass unsere Psyche keine unverrückbare und unveränderbare Kontrollinstanz ist. Sie ist positiv gesprochen veränderbar, negativ gesprochen beeinflussbar – und sie unterliegt dem eigenen Willen. Wer bewusst Abstand zu Emotionen hält, bleibt besonnen und vernünftig, wer sich aber von Emotionen hinreißen lässt, handelt unvernünftig und bringt sich selbst um die Vorzüge eines an der *ratio* orientierten Lebens und wird schlussendlich vom Gestalter des eigenen Lebens zu einem Spielball des Schicksals.

Die schädlichste Emotion: Der Zorn

Seneca war ein lebenspraktischer Philosoph. Die klassische stoische Affektlehre sowie seine eigene Ausgestaltung derselben lassen sich an verschiedenen Textstellen seines Werkes nachweisen, sind jedoch nie so unmittelbar und konkret nachvollziehbar wie in seiner Schrift *De ira – Über den Zorn*. Dieses Werk umfasst drei Bücher, was etwas über einhundert heutigen Druckseiten entspricht, und reflektiert die philosophischen Überlegungen, Fragestellungen und Handlungsmaximen im Umgang mit der extremen Emotion des Zorns. Da es sich beim Zorn um eine der stärksten Emotionen handelt, können die dort gewonnenen Erkenntnisse in entsprechender Form auch auf andere Emotionen angewandt werden. Diese sind nämlich in ihrer Ausprägung weniger intensiv, für den inneren Zustand des Menschen jedoch nicht weniger schädlich. An der Emotion des Zorns zeigt sich die grundlegend schädliche Wirkung aller Emotionen wie in einem Brennglas:

In den übrigen (Emotionen) steckt noch etwas Ruhiges und Sanftes, dieser [der Zorn] ist ganz und gar verbittert und steht unter dem Drang hin zum Schmerz. Er wütet in einer kaum noch menschlichen Gier nach Waffen, Blut und Hinrichtungen. Solange er nur dem anderen schadet, nimmt er keine Rücksicht auf die eigene Person, stürzt sich eben in die Geschosse und will nur Rache, auch wenn die Rache den Rächer mit sich reißen wird.   (De ira 1,1,1)

In höherem Maße ist dabei zu betrachten, wie vielen Menschen der Zorn aus sich heraus Schaden zugefügt hat. Manche haben in einem allzu großen Aufbrausen sich die Adern gesprengt, und ein Brüllen über die Kräfte hinaus hat einen Blutsturz zur Folge gehabt. Die Schärfe des Blickes wurde von zu heftig in die Augen steigenden Tränen getrübt, und Kranke erlitten ein Rezidiv. Es gibt keinen schnelleren Weg in den Wahnsinn.   (De ira 2,36,4)

Andere charakterliche Fehler entziehen sich der Vernunft, dieser [der Zorn] entzieht sich der geistigen Gesundheit; andere haben einen sanften Anstieg und wachsen unmerklich an: In den Zorn stürzt der Mensch hinab. ... Und es ist unerheblich, wie bedeutsam der An-

lass ist, aus dem heraus er entstanden ist; aus Nichtigstem gelangt
er zu voller Größe. *(De ira* 3,1,5)

Zorn und Ausgeglichenheit bilden, wie uns Seneca hier auf-
zeigt, ebenso Gegensatzpaare wie Vernunft und Wahnsinn.
Zorn und Wahnsinn stehen sich somit unmittelbar nahe, und
es wird keine Unterscheidung getroffen zwischen einem möglicherweise positiven, schöpferischen und gerechten Zorn, wie
er bei Aristoteles (384–322 v. Chr.) oder in dem christlichen
Konzept des ›heiligen Zorns‹ nachweisbar ist, und einem blinden Wüten. Zorn stellt den Endpunkt dar, von dem aus keine
größere Entfernung zur Vernunft mehr möglich scheint. Der
zornige Mensch vergisst seiner selbst und entmenschlicht sich
dadurch, wird also dem Tier ähnlicher als dem Menschen. Zorn
hat zudem nicht zwingend eine angemessene und dringende
Ursache. Es handelt sich dabei lediglich um einen emotionalen
Ausbruch, der aus Kleinigkeiten und Nichtigkeiten heraus entstehen kann und darüber hinaus keinen positiven Aspekt besitzt oder hervorbringt.

Wie entstehen Emotionen?

Seneca hat uns nachvollziehbar dargestellt, dass der Mensch
ein zur Vernunft fähiges Wesen ist (siehe Lektion 2). Zu etwas
fähig sein, also die grundlegende Möglichkeit zu einem Verhalten oder einer Tätigkeit zu besitzen, heißt jedoch nicht, dass
dieses Verhalten auch immer an den Tag gelegt wird oder eine
bestimmte Tätigkeit stets ohne innere Widerstände aufgenommen wird. Sinnlose Spontankäufe und die morgendliche
Schwierigkeit, aus dem Bett zu kommen, obwohl vielleicht ei-

ne spannende und bereichernde Tätigkeit wartet, sind allgemein bekannte, wenn auch im Zusammenhang mit Senecas Philosophie sehr einfach gehaltene Beispiele. Dennoch ist auch in ihnen erkennbar, dass der Mensch nicht nur von Vernunft durchwaltet ist, sondern dass auch noch weitere Einflussfaktoren auf ihn einwirken. Diese Einflussfaktoren wurden in der Forschungsliteratur zu Seneca mit dem modernen und an die Psychoanalyse Freuds (1856–1939) angelehnten Begriff der ›Tiefstmotivation‹ belegt.

Seneca bietet für diesen modernen Begriff zwar kein lateinisches Pendant, nennt jedoch konkrete Beispiele für Einflussfaktoren außerhalb der Vernunft. Diese sind der Selbsterhaltungstrieb, das Streben nach Erfolg, Lust und Scham, Pflichtbewusstsein, Ehrfurcht und Selbstwertgefühl. Ihnen sieht sich der Mensch gegenübergestellt, sie erzeugen innere Regungen, und der Mensch muss darauf entsprechend reagieren – Emotionen im Allgemeinen und der Zorn im Speziellen, der uns auch hier wieder als Extrembeispiel dienen soll, bleiben für Seneca dennoch eine Sache der bewussten Entscheidung:

Meiner Ansicht nach erdreistet der Zorn sich nicht von sich aus etwas, sondern nur mit Zustimmung der eigenen Person. Denn sich eines erlittenen Unrechts bewusst zu werden, dafür auf Rache zu sinnen und beides zueinander in Bezug zu setzen …, ist kein Kennzeichen eines inneren Antriebs, der ohne unseren bewussten Willen entsteht. Jener innere Antrieb ist ein Einzelphänomen, die bewusste Willensentscheidung dagegen vielschichtig, und sie beinhaltet sehr viele Aspekte: Sie versteht etwas, empört sich darüber, verurteilt es und rächt sich dafür. Diese Kausalkette kann nicht ohne die bewusste Zustimmung des menschlichen Innern zu den Gründen für die Aufregung geschehen … (De ira 2,1,4–5)

Alle Körperreaktionen, die nicht unserem Willen unterliegen, sind unüberwindlich und unvermeidbar, wie der Schauder, wenn man mit kaltem Wasser bespritzt wird, oder die Abneigung gegen bestimmte Berührungen; bei schlimmeren Nachrichten sträuben sich einem die Haare, bei ungehörigen Worten tritt einem die Schamesröte ins Gesicht, und beim Blick in einen Abgrund wird uns schwindelig. Weil nichts davon in unserer Macht liegt, kann auch die Vernunft uns nicht dazu bringen, dass es nicht geschieht. Der Zorn wird von entsprechenden Vorsätzen vertrieben. Er ist nämlich ein dem Willen unterliegender Fehltritt unserer menschlichen Psyche und hängt nicht mit den Dingen zusammen, die aufgrund unserer Veranlagung passieren und sich deshalb auch bei den weisesten Menschen ereignen. Zu diesen Körperreaktionen muss auch jener erste Schlag auf unser Inneres gerechnet werden, der uns bewegt, wenn wir ein Unrecht vermutet haben.   (De ira 2,2,1–2)

Nichts von dem, was unser Inneres zufällig in Aufruhr versetzt, darf man als Emotion bezeichnen. Diese Dinge, um es einmal so auszudrücken, erleidet das menschliche Innere mehr, als dass es sie bewusst ausübt. Emotion heißt also nicht, dass man bei der Bewusstmachung von Dingen innerlich bewegt wird, sondern sich jenen Dingen hinzugeben und der zufälligen inneren Bewegung zu folgen. Denn wenn jemand Erbleichen, niederfallende Tränen, sexuelle Erregung oder ein tiefes Seufzen, einen plötzlich starren Blick oder Ähnliches für ein Anzeichen von Emotion und Ausdruck des menschlichen Innern hält, täuscht er sich und versteht nicht, dass es sich dabei um Körperreaktionen handelt. Deshalb erbleicht übrigens auch der tapferste Mann, während er die Waffen angelegt bekommt, und dem furchtlosesten Soldaten zittern ein wenig die Knie, wenn das Zeichen zum Kampf gegeben wurde. Auch dem großen Feldherrn schlägt das Herz bis zum Hals, bevor die Schlachtreihen aufeinanderprallen, und der eloquenteste Redner bekommt kalte Hände, wenn er sich zur Rede bereit macht. ... Das hat mit Zorn nichts zu tun, sondern ist eine innere Regung, die der Vernunft gehorcht. Zorn ist, was die Vernunft übersteigt und mit sich reißt. *(De ira 2,3,1–4)*

Es sind also äußere Einflussfaktoren, die unser Inneres berühren und in Aufruhr versetzen. Dies äußert sich in körperlichen Reaktionen, die nicht willentlich beeinflussbar sind und damit jeden Menschen unabhängig von Herkunft und Bildungsgrad betreffen. Entscheidend ist, wie wir mit diesem Impuls von außen und der Reaktion unseres Körpers umgehen. Stellen wir ihnen die Vernunft entgegen, die jedem Menschen zu eigen und bei einem weisen Menschen zudem noch philosophisch geschult ist, oder lassen wir den äußeren Impuls die Oberhand über unser Inneres gewinnen und uns mitreißen?

Wir haben wiederholt in den Texten Senecas erkannt, welch großen Stellenwert bei ihm innere Güter einnehmen und wie gering demgegenüber Äußerlichkeiten zu bewerten sind (siehe besonders Lektion 1). Dies lässt sich, wie wir hier sehen, auch auf Immaterielles übertragen, das unser Inneres in Verwirrung versetzt. Die Philosophie, in den Augen Senecas vor allem die stoische, schult uns in Achtsamkeit für derlei Zusammenhänge und vermittelt uns somit die Fähigkeit, angesichts verschiedener Umstände, die unser Inneres in Aufruhr versetzen können, das Heft des Handelns nicht aus der Hand zu geben.

Mit Emotionen richtig umgehen

Die ersten körperlichen Reaktionen auf Erschütterungen des menschlichen Innern durch einen negativen äußeren Reiz stehen noch nicht mit der eigentlichen Emotion im Zusammenhang. An genau diesem Punkt gilt es, der möglicherweise aufkommenden Emotion entgegenzutreten – Seneca zeigt es wieder am Beispiel des Zorns:

Gegen die ersten Auslöser müssen wir daher ankämpfen. Der Auslöser von Jähzorn aber ist die Annahme eines Unrechts, der man nicht so einfach Glauben schenken darf. Nicht einmal klaren und offenkundigen Dingen darf man unmittelbar zustimmen, denn manch Falsches trägt den Anschein des Wahren. Man muss immer Zeit verstreichen lassen: Die Wahrheit zeigt sich bei Lichte betrachtet. Unsere Ohren sollen nicht empfänglich für Anschuldigungen sein: Dieser allzu menschliche Fehler sei uns verdächtig und wohlbekannt, dass wir gerne glauben, was wir nur ungern zu Gehör bekommen, und in Wut geraten, bevor wir uns ein Urteil gebildet haben. *(De ira 2,22,2–3)*

Das größte Heilmittel gegen den Zorn ist der zeitliche Aufschub. Fordere von ihm, sich zunächst ein Urteil zu bilden, anstatt zu verzeihen. Seine ersten inneren Wallungen sind stark ausgeprägt; er lässt nach, wenn er warten muss. Und versuche nicht, ihn ganz und gar zu beseitigen: Er wird ganz besiegt, während er Stück um Stück zerpflückt wird. Von den Dingen, die uns in Aufruhr versetzen, wird uns anderes gemeldet, wieder anderes hören oder sehen wir persönlich. Bloß Erzähltem dürfen wir nicht vorschnell Glauben schenken: Viele Menschen lügen, um zu täuschen, viele, weil sie getäuscht wurden. *(De ira 2,29,1–2)*

›Tief durchatmen!‹, ›Bis zehn zählen!‹, ›In der Ruhe liegt die Kraft.‹ Diese Ratschläge, die manche von uns schon von ihren Eltern gehört haben dürften, zielen genau auf diesen psychologischen Sachverhalt ab. Emotionen, und darunter besonders die Wut, erzeugen zu Beginn ihres Auftretens starke innere Wallungen, auf den zweiten Blick gestaltet sich dann manches als viel weniger begeisternd, schlimm oder empörend, als zunächst vermutet. Es ist das gleiche Phänomen, das Shitstorms in den sozialen Netzwerken auslöst oder wütende Bürger auf die Straße treibt. Die Filterblasen des Internets, in denen sich nicht wenige Menschen befinden, da sie ihre Informationen ausschließlich aus diesen Quellen beziehen, bestehen zumeist nicht aus tiefgründig recherchierten Informationen. Auch die Nachrichten des öffentlich-rechtlichen Fernsehens können nicht alle Aspekte und Wirkungszusammenhänge politisch-gesellschaftlicher Veränderungen vollumfänglich darstellen. Es findet immer eine Auswahl und eine Reduzierung statt.

Seneca stellt als menschlichen Grundfehler angesichts von Empörung und Wut heraus, dass der Mensch gerne glaubt, was er nur ungern hört: Achten wir also auf unsere Pufferschicht zwischen Reiz und Reaktion – sie kann uns vor manchem unnötigen emotionalen Ausbruch schützen. Vor allem, weil wir dann genau betrachten können, welchen Wert die Dinge eigentlich besitzen, über die wir im Begriff sind, uns aufzuregen.

Wie viel besser ist es da, genau zu betrachten, wie belanglos und harmlos gerade die Anfangsgründe sind! Was ganz offensichtlich den stummen Tieren geschieht, das kann man auch beim Menschen wahrnehmen: Von albernen und bedeutungslosen Dingen lassen wir uns aus dem Konzept bringen. Einen Stier macht die Farbe Rot wütend, die Natter bäumt sich bei einem Schatten auf, ein

Tuch lockt Bären und Löwen an: Alles, was von Natur aus wild und ungezähmt ist, wird bei Nichtigkeiten aus der Fassung gebracht. Das Gleiche passiert unausgeglichenen und kleingeistigen Charakteren.

(De ira 3,30,1–2)

Diese Feststellung kommt scheinbar wie eine Binsenweisheit daher. Wir regen uns über Nichtigkeiten auf und erkennen im Nachhinein, wie sinnlos unsere Emotion war. Der Vergleich mit der Tierwelt ist im Zusammenhang jedoch ein bedeutender, weil von Seneca bewusst gewählt. Sogar gefährliche und äußerst kraftvolle Tiere werden von lächerlichen Nichtigkeiten in Verwirrung gebracht. Das liegt natürlich daran, dass Tiere in nur wesentlich geringerem Maße als der Mensch zu einem vernunftgeleiteten Verhalten in der Lage sind und damit auch kaum über eine Pufferschicht zwischen Reiz und Reaktion verfügen. Die Emotion bringt den Menschen somit von sich selbst und seinem Menschsein ab und macht ihn dem Tier ähnlicher als dem Menschen. Die Bewusstmachung der Gründe für eine Emotion und der Bedeutung, die sie für unser Leben haben bzw. meist nicht haben, kann uns vor unnötigen Emotionsausbrüchen bewahren und einem an der *ratio* orientierten und damit seinem Menschsein würdigen Leben näherbringen.

Dankbarkeit vertreibt negative Emotionen

Ein weiterer Gesichtspunkt, wie wir durch eine bewusste Orientierung an der *ratio* Abstand von schädlichen Emotionen gewinnen können, ist die Fokussierung auf Dinge, die sich in unserem Leben als positiv herausgestellt haben und die unser Leben bereichern, kurz: Dankbarkeit.

Niemandem gefällt das Eigene, blickt er auf Fremdes: Daher sind wir auch zornig auf die Götter, weil irgendein anderer uns übertrifft. Und dabei vergessen wir, wie viele Menschen hinter uns zurückliegen und welch großer Neid demjenigen im Nacken sitzt, der nur wenige beneiden kann. So groß ist dennoch die Dreistigkeit der Menschen, dass, obwohl sie schon viel bekommen haben, Ungerechtigkeit empfunden wird: Es hätte ja mehr sein können.

(De ira 3,31,1)*

Sei lieber dankbar für die Dinge, die du erhalten hast. Erwarte das Übrige und freue dich daran, noch nicht alles zu haben und dass unter deinen Wünschen noch etwas übrig ist, worauf du hoffen kannst. *(De ira* 3,31,3)*

Auch in diesem Punkt gibt Seneca einen zeitlos gültigen Ratschlag zum Umgang mit negativen Gefühlen. Der Rückbezug auf das eigene Ich und die Fokussierung auf die Elemente, die uns gelungen sind und die unser Leben bereichern, sowie der bewusste Verzicht auf den Vergleich mit anderen bringen den Menschen zurück zu sich selbst. So wird Distanz zu äußeren Dingen, ja Äußerlichkeiten geschaffen, die den Menschen nur aufbringen und aus einer ausgeglichenen Haltung der Mitte vertreiben.

Wie modern Senecas Ansichten in diesem Punkt tatsächlich sind, zeigen nicht zuletzt die Studien des Psychologen Martin Seligman aus dem Jahr 2004. Dieser ließ Studienteilnehmer ein Dankbarkeitstagebuch schreiben: Jeden Abend sollten sie notieren, wofür sie in ihrem Leben Dankbarkeit empfanden. Bei den Studienteilnehmern wurde nach kurzer Zeit ein höheres Wohlbefinden, ein niedrigeres Level an Stresshormonen, besserer Schlaf, höhere Leistungsfähigkeit und weniger Depressivität festgestellt. Es wurden also Prozesse ausgelöst, die auf intellektueller und emotionaler Ebene ablaufen und nachweislich auch körperliche Auswirkungen haben. Anselm Grün, der bekannte Benediktinerpater, Führungskräftetrainer und Autor einer Vielzahl von spirituellen Büchern, erkennt in der Dankbarkeit auch eine spirituelle Dimension. Er spricht von einem »Engel der Dankbarkeit«, der dem Menschen begegnen und durchwegs positive Aspekte beflügeln könne.

Ob man den Umgang mit Emotion nun von der philosophischen, medizinisch-naturwissenschaftlichen oder auch religiösen Position her betrachtet, es wird das gleiche Ziel ins Auge gefasst: Dem Menschen eine Lebensgestaltung unabhängig von Emotionen und den damit verbundenen negativen Folgeerscheinungen zu ermöglichen. Emotionen, hier vor allem am Beispiel des Zorns gezeigt, schränken ein, stiften innere Verwirrung und machen unfrei. Gerade aber innere Freiheit ist ein Zentralaspekt eines sinnerfüllten und glücklichen Lebens, wie wir in Lektion 4 genauer sehen werden.

LEKTION 4:
Wahre Freiheit erlangen

Die Fragen, was Freiheit generell ist, welchen Wert sie für den Menschen darstellt und wie man für sich Freiheit erlangen kann, sind keine modernen. Schon immer strebten die Menschen nach Freiheit, waren bereit zu Revolution und Auswanderung, um frei von Verfolgung oder staatlicher Repression ihr Leben selbstbestimmt zu gestalten. Politische Forderungen unterschiedlichster Strömungen seit der Epoche der Aufklärung unterstreichen diesen Stellenwert der Freiheit ebenso deutlich wie die Tatsache, dass nach Abschaffung von Leib- und Todesstrafen der Freiheitsentzug die höchste Form an Bestrafung darstellt, die ein zivilisierter Staat dem verurteilten Täter zuzuteilen vermag.

Der Begriff der Freiheit an sich ist ein äußerst facettenreicher, und er muss häufig durch zusätzliche Erläuterungen konkretisiert werden, wie Begriffe wie ›Meinungsfreiheit‹, ›innere Freiheit‹ oder auch ›finanzielle Freiheit‹ anschaulich machen. Die konkrete Bedeutung, die der Begriff ›Freiheit‹ im Einzelnen abbildet, muss somit stets im jeweiligen Zusammenhang inhaltlich gefüllt werden. Im Zentrum steht dabei immer die

Frage, worin die beschriebene Freiheit besteht. Was ist das Übel, das einen an einem glücklichen Leben hindert? Wovon muss man frei sein, um *wirklich frei* zu sein?

Für Seneca als stoischen Philosophen stellt der Begriff der Freiheit und damit auch deren Wert eine wichtige Säule seiner Ethik dar. Doch über das theoretische Interesse an der Freiheit als Gegenstand philosophischer Überlegungen hinaus besitzt dieses Thema für ihn einen ausgesprochen persönlichen Bezug: In seinen mittleren Lebensjahren wurde er unter Kaiser Claudius wegen angeblichen Ehebruchs verurteilt und nach Korsika verbannt. Ob Seneca sich dieses Vergehens tatsächlich schuldig gemacht hatte oder Opfer einer Intrige geworden war, sei dahingestellt. Möglicherweise wollte der Kaiserhof auch die am angeblichen Ehebruch beteiligten Angehörigen des Kaiserhauses von berechtigten Herrschaftsansprüchen fernhalten. Fest steht jedoch, dass Seneca acht Jahre unfreiwillig fernab seiner Heimat Rom sein Leben fristen musste (Korsika war damals noch keine beliebte Urlaubsinsel), was seine philosophischen Ansichten in Bezug auf den Begriff der Freiheit maßgeblich beeinflusst haben dürfte.

Was ist Freiheit überhaupt?

Freiheit ist nach Seneca zunächst einmal eine Sache der eigenen inneren Einstellung und nichts, was einem gegeben wird oder man durch Verdienste oder Leistungen welcher Art auch immer erlangen kann. Freiheit besteht im Grunde darin, allen emotionalen Affekten und äußeren Umständen überlegen zu sein, das heißt im besten Wortsinn, über diesen Dingen zu stehen und damit von höherer innerer Qualität zu sein als die Umstände.

Freiheit heißt aber nicht, nichts aushalten zu müssen, da täuschen wir uns. Freiheit heißt, sich selbst über die Ungerechtigkeiten zu stellen und sich innerlich so auszustatten, dass die Dinge, die uns Freude machen, aus einem selbst heraus kommen. Außerdem heißt es, äußere Umstände nicht an sich heranzulassen, damit man nicht in Furcht vor jedermanns Lachen und Reden in innerer Unruhe leben muss. Wer kann uns nämlich *keine* Beleidigungen antun, wenn jeder x-beliebige Mensch es kann? (*De constantia sapientis* 19,3)

Die innere Freiheit des Weisen zeigt sich folglich vor allem in einem ›Frei-sein‹ von leidenschaftlichen Empfindungen (siehe Lektion 3). Der Weise weiß um diesen Zusammenhang und erkennt seine Freiheit vor allem in der Freiheit von niederen Affekten und anderen Äußerlichkeiten:

... Wie ich nicht unter Folterknechten leben möchte, so möchte ich auch nicht in der Nachbarschaft von Nachtlokalen leben. Dort sieht man Betrunkene, wie sie die Gestade entlang irren. Dort hört man die lärmenden Gelage zu Wasser und die von den Melodien der Konzerte dröhnenden Seen und anderes, was die gleichsam von Gesetzen befreite Ausschweifung nicht nur sündigt, sondern sogar zur Schau stellt – wozu ist das nötig? Wir müssen uns darum bemühen, vor den Verlockungen der Laster möglichst weit zu fliehen: Die Seele muss abgehärtet und von den Verführungen der Genüsse weit ferngehalten werden. Ein einziges Winterlager hat Hannibals [karthagischer Feldherr im Zweiten Punischen Krieg, 218–201 v. Chr.] Kräfte zerrüttet, und den von Schnee und dem Alpenübergang unbezwungenen Mann hat die Üppigkeit Kampaniens geschwächt: Mit den Waffen hat er gesiegt, von den Lastern ist er besiegt worden. ... Die Seele darf nicht verweichlicht werden: Wenn ich dem Genuss nachgebe, muss ich dem Schmerz nachgeben, muss ich auch der

Armut nachgeben; Ruhmsucht und Zorn werden mir gegenüber dasselbe Recht beanspruchen: Unter so vielen Leidenschaften werde ich zerrissen, ja zerstückelt werden! Freiheit ist das Ziel, um diesen Preis wird gerungen. Was Freiheit ist, fragst du? Keiner Sache als Sklave zu dienen, keiner Notwendigkeit, keinen Zufällen; dem Schicksal gleichgültig gegenüberzustehen. *(Epistulae morales 51,4–7)*

Warum ist Freiheit so wichtig?

Wer frei ist, der besitzt Macht. Macht über sich selbst durch die Einstellung zum eigenen Leben und Handeln. Aber auch Macht über andere, sogar höher gestellte Personen, da die oder der Freie innerlich nicht von deren Handeln tangiert wird, mag es auch ungerecht sein. Wie Freiheit für den stoischen Weisen also immer eine innere Freiheit ist, die sich der Weise nehmen und für sich erhalten kann, so ist Knechtschaft häufig auch eine innere Knechtschaft, bei der sich vermeintlich freie Menschen aus freiem Willen in die Unfreiheit begeben haben.

Zeig mir, wer keiner [gemeint ist: kein Sklave] ist. Der eine ist Sklave seiner Wollust, der andere Sklave seiner Habgier, wieder ein anderer Sklave seiner Karriere. Alle sind sie Sklaven der Hoffnung, alle sind sie Sklaven der Angst. Ich werde dir einen ehemaligen Konsul nennen, der Sklave eines alten Weibes ist, einen Reichen, der Sklave einer Dienstmagd ist, junge Männer aus bestem Hause, die Sklaven von Schauspielern sind: Keine Sklaverei ist verwerflicher als die freiwillig eingegangene. *(Epistulae morales 47,17)*

Dem gegenüber steht der Weise, dessen innere Freiheit ihm Macht verleiht. Eine Macht, sein Leben vollkommen autark von äußeren Umständen zu bestreiten. Er hat durch seine innere Freiheit alles in seiner Gewalt – letzten Endes sogar das eigene Leben:

Er [der Weise] darf sein Leben weder furchtsam noch übervorsichtig führen, denn er besitzt ein so großes Selbstvertrauen, dass er, ohne zu zögern, seinem Schicksal entgegengeht und diesem niemals das Feld räumt. Zudem gibt es für ihn keinen Ort, an dem er es fürchtet, da er nicht nur seine Bediensteten, Besitztümer und sein Ansehen, sondern auch seinen Körper, seine Augen, seine Hand, alles, was das Leben wertvoller erscheinen lässt, und auch sich selbst zu den unbeständigen Gütern rechnet. Zudem lebt er, als sei er sich selbst nur geliehen und werde sich bei Rückforderung ohne Trauer zurückgeben. Er erachtet sein Leben aber deshalb nicht für wertlos, weil er weiß, dass es ihm nicht gehört. Vielmehr wird er alles so sorgfältig und so umsichtig behandeln, wie ein gottesfürchtiger und gewissenhafter Mensch das treuhänderisch verwaltet, was man ihm anvertraut hat. Wann immer ihm aber die Rückgabe befohlen wird, wird er nicht über das Schicksal klagen, sondern sagen: »Dankbar bin ich für das, was ich besessen und gehabt habe.« ... Beansprucht die Natur, was sie uns vorher anvertraut hat, werden auch wir ihr sagen: »Nimm eine bessere Seele zurück, als du gegeben hast. Ich wende mich nicht zur Flucht und weiche nicht aus. Zu deiner Verfügung hast du von einem Willigen, was du ohne sein Wissen ihm gegeben hast: Nimm es fort!« Was ist schlimm daran, dorthin zurückzukehren, woher man gekommen ist? Schlecht wird leben, wer nicht weiß, gut zu sterben. (*De tranquillitate animi* 11,1–4)

Doch welche philosophisch-ethischen Grundeinstellungen verbürgen den Wert der Freiheit und welche weiteren positiven Folgen hat die so erlangte Freiheit?

Du siehst, auch wenn ich es nicht eigens anfüge, dass immerwährende Ruhe sich einstellt, wenn das vertrieben wurde, was uns beunruhigt und schreckt. Denn eine gewaltige innere, unerschütterliche und gleichmäßige Freude löst die Genüsse und die Verlockungen ab, die unwesentlich und brüchig und gerade durch ihren verlockenden Duft schädlich sind. Dazu stellen sich Friede, die Eintracht der Seele und Großherzigkeit verbunden mit Milde ein … Denn was hindert uns daran, eine freie Seele als gutes Leben zu bezeichnen? Eine Seele, die aufrecht, unerschrocken und standhaft ist. Die sich jenseits von Furcht und Begierde aufhält. Für die die Ehre das einzige Gut, die Schande das einzige Übel ist und alles Übrige ein belangloser Haufen von Dingen. … Daher muss man zur Freiheit aufbrechen. Nichts anderes verschafft uns diese, als die Gleichgültigkeit gegenüber dem Schicksal.   (De vita beata 3,4)

Freiheit erlangen und bewahren

Sich über die unausweichlichen Widrigkeiten des Lebens hinwegzusetzen: Das schafft der Weise durch zweierlei – durch die Philosophie und durch die Vernunft. Die Philosophie ist dabei der gedankliche Weg, auf dem die Weisheit und damit die Freiheit erlangt wird, während die Vernunft gleichsam der Kompass ist, durch den man stets auf dem rechten Weg bleibt (siehe Lektionen 1 und 2).

Entfliehen kannst du den Notwendigkeiten nicht, du kannst sie nur überwinden. ... Und diesen Weg wird die Philosophie dir zeigen. Zu ihr begib dich, wenn du gesund sein willst, wenn sorgenfrei, wenn glücklich, schließlich wenn du sein willst, was am wichtigsten ist – frei: Auf einem anderen Weg ist das nicht möglich. Torheit ist etwas Minderwertiges, verworfen, schmutzig, sklavisch, vielen leidenschaftlichen Empfindungen – und den wildesten! – unterworfen. Die Weisheit, die allein Freiheit ist, schickt diese unliebsamen Herren, die manchmal abwechselnd, manchmal zugleich herrschen, weg von dir. Ein einziger Weg führt zu ihr, und der geht geradeaus: Du wirst dich nicht verlaufen. Schreite mit sicherem Schritt: Wenn du dir alles unterwerfen willst, unterwirf dich der Vernunft. Viele wirst du lenken, wenn die Vernunft dich lenkt: Von ihr wirst du lernen, was und wie du es angehen musst. Nicht wirst du den Dingen anheimfallen. Niemanden wirst du mir zeigen, der wüsste, wie er, was er will, begonnen hat zu wollen: Nicht durch Überlegung ist er darauf gebracht, sondern durch Ungestüm gedrängt worden. Ebenso oft stürmt das Schicksal gegen uns, wie wir gegen das Schicksal. Ehrenrührig ist es, nicht zu gehen, sondern sich treiben zu lassen und mitten im Wirbel der Dinge verdutzt zu fragen: »Wie bin ich bloß hierhin geraten?«   *(Epistulae morales 37,2)*

Da der Mensch generell vernunftbegabt ist, ist er auch fähig zur Philosophie. Das hat zur Folge, dass man sich nicht erst viele Jahre in philosophische Gedankengänge einarbeiten muss, um später einmal als weiser Mensch Freiheit erlangen zu können. Vielmehr tritt die Freiheit mit dem Aufnehmen des Philosophierens unmittelbar ein. Die Beschäftigung mit der Philosophie stellt somit bereits eine Form der Freiheit dar.

Noch immer plündere ich den Epikur [griechischer Philosoph, 4./3. Jahrhundert v. Chr.], von dem ich heute folgenden Satz gelesen habe: »Du sollst der Philosophie dienen, damit dir wahre Freiheit widerfährt.« Wer sich jener unterwirft und hingibt, muss nicht warten: Er ist sofort mittendrin. Denn eben gerade dass man der Philosophie dient, darin besteht die Freiheit.   (*Epistulae morales* 8,7)

Philosophie meint in diesem Zusammenhang eine angewandte Lebenskunst, mit dem Ziel, eine Stütze und Hilfe im praktischen Leben zu erhalten.

Es sind, wie wir in Lektion 3 gesehen haben, vor allem die äußeren Dinge, die im Menschen negative emotionale Regungen, die Affekte, auslösen. Diese können schicksalsbedingt sein, sie können aber auch aus einer Orientierung an falschen Wertmaßstäben heraus entstehen. Freiheit erlangt man daher durch die Setzung ethisch richtiger Wertmaßstäbe:

Gold und Silber und alles andere, was vom Glück begünstigte Häuser auszeichnet, soll man hinter sich lassen. Freiheit gibt es nicht umsonst. Wenn man sie hochschätzt, muss man alles andere geringschätzen.   (*Epistulae morales* 104,34)

Dass Seneca zu den reichsten Personen seiner Zeit gehörte und nachweislich nicht nur *ein* mit Gold und Silber ausgestattetes Haus besessen hat, gehört wohl zu den eklatantesten Widersprüchen seines Lebens (siehe dazu ausführlicher in Lektion 7). Jedoch bedroht nicht der Besitz an sich die Freiheit, sondern seine Erhebung zu einem Fetisch und Selbstzweck.

Niemand kann alles haben, was er will. Das aber kann er: nicht wollen, was er nicht hat, und sich bietende Gelegenheiten heiter nutzen. ... Wie überflüssig vieles ist, verstehen wir erst, wenn es einmal nicht mehr vorhanden ist. Wir gebrauchten nämlich jene Dinge, nicht weil wir mussten, sondern weil wir sie hatten. Wie viele Dinge aber beschaffen wir uns, weil andere sie sich beschaffen und andere sie haben. Zu den Ursachen unseres Unglücks gehört, dass wir nach Vorbildern leben und uns nicht nach der Vernunft richten, sondern von der Gewohnheit verleiten lassen. Was wir nachzuahmen ablehnten, wenn wenige es tun, machen wir uns zu eigen, sobald mehr Menschen es zu tun begonnen haben. Als ob etwas sittlicher wäre, weil es häufiger ist. Und den Platz des Richtigen nimmt bei uns der Irrtum ein, sobald er allgemein üblich geworden ist.

(*Epistulae morales* 123,3–6)

Freiheit, so könnte man resümierend formulieren, kann immer nur eine innere Freiheit sein. Man erreicht sie durch konsequenten inneren Abstand zu allen äußeren Gütern und Emotionen, die nicht an sich schädlich für die Freiheit des Menschen sind – lediglich das Verhältnis, in dem man als Mensch zu ihnen steht, schadet. Das fortwährende Abwägen dieses Verhältnisses zu den Emotionen und Gütern, die einen umgeben, sowie die Bewusstmachung der eigentlichen Nichtigkeit derselben sind damit Kerndisziplinen von Senecas Philosophie.

Sodann macht es keinen Unterschied, wie groß eine Leidenschaft ist. Wie klein sie auch immer ist, sie weiß nicht zu gehorchen, Rat nimmt sie nicht an. Wie kein Tier der Vernunft gehorcht, kein wildes und kein gezähmtes und sanftes ..., so folgen und gehorchen die Leidenschaften auch nicht, wie geringfügig auch immer sie sind. Tiger und Löwen legen niemals ihr wildes Wesen ab, gelegentlich unterwerfen sie sich, und wenn man es am wenigsten erwartet, bricht ihre eben besänftigte Wildheit noch stärker hervor. Niemals lassen Fehlhaltungen verlässlich nach. ... Du fragst, was schlecht ist? Den Dingen nachzugeben, die man als Übel bezeichnet und ihnen die eigene Freiheit auszuliefern, für die man alles auf sich nehmen muss: Die Freiheit geht zugrunde, wenn wir nicht jene Dinge verachten, die uns ein Joch auferlegen. ... Es gibt bestimmte Dompteure, die die wildesten und beim Angriff furchterregendsten Tiere zwingen, den Menschen zu ertragen und – damit nicht genug – bis zur Lebensgemeinschaft zähmen: Den Löwen legt ihr Meister die Hand auf, es küsst die Tiger ihr Wächter, den Elefanten heißt ein Äthiopier von sehr kleiner Statur sich auf die Knie niederzulassen oder über ein Seil zu gehen. So ist der Weise ein Meister darin, die Übel zu bändigen. ... Wenn sie zu ihm kommen, sind sie zahm.

(*Epistulae morales* 85,8–41)

LEKTION 5:
Mit anderen zurechtkommen

Der Mensch muss, wie wir gesehen haben, seine innere Einstellung zur Welt finden, um glücklich zu sein, doch unser Leben ist auch maßgeblich beeinflusst von den Menschen, mit denen wir uns umgeben. Ein grundlegendes Element unserer Spezies ist es nämlich, dass sie in Gemeinschaften ganz gleich welcher Organisationsstruktur lebt, ob Familie, Stamm, Volk, Nation, Firma, Freundeskreis oder Religion: Jeder Mensch ist Teil einer Gemeinschaft, er ist nie als Einzelwesen nur mit und für sich allein.

Entsprechend weit ausgeprägt in der Kulturgeschichte der Menschheit ist daher auch der Teil der Philosophie, der als ›praktische Philosophie‹ oder ›Ethik‹ bezeichnet wird und sich mit dem Verhalten der Menschen zu- und untereinander befasst. Dieser ist in allen Kulturen anzutreffen und weist – da Menschen nun einmal Menschen sind, ganz gleich, wo auf der Welt sie sich befinden – erhebliche Gemeinsamkeiten auf. Die sogenannte Goldene Regel (›Was du nicht willst, das man dir tu, das füg auch keinem andern zu.‹) ist durch alle Zeiten, Kulturen und Religionen eine unterschiedlich formulierte, aber inhaltlich immer gleiche Forderung an die Gestaltung gelingenden menschlichen Miteinanders.

Seneca hätte die Goldene Regel ihrem Inhalt nach vermutlich akzeptiert, ist sie doch so allgemein formuliert, dass sie auf beinahe alle Situationen des menschlichen Lebens anwendbar ist. Er geht in seinen Aussagen über den Umgang mit anderen jedoch detaillierter vor. So leitet er grundlegende Maximen menschlichen Zusammenlebens aus dem System der stoischen Philosophie ab. Ausgehend davon legt er aber Forderungen an den Umgang mit höherstehenden Personen, solchen gleichen Ranges sowie Untergebenen an, die heute höchst aktuell sind und für Senecas Zeit ein Novum oder gar eine Provokation darstellen mussten.

Grundlage I: Der Mensch ist zum korrekten Umgang mit Mitmenschen fähig.

Trotz aller Widrigkeiten funktioniert die Gesellschaft vor allem deshalb, weil der Mensch grundlegend auf das wechselseitige Geben und Nehmen von Annehmlichkeiten gleichsam programmiert ist. Das erscheint uns angesichts einer Welt, in der nichts umsonst ist und jede Facette menschlichen und vor allem wirtschaftlichen Lebens einer Kosten-Nutzen-Rechnung unterworfen ist, äußerst verwunderlich. Seneca blickt dabei aber weniger auf einzelne Ausprägungen menschlichen Lebens als auf die grundlegende Disposition des Menschseins, die für die praktische Ausgestaltung des Lebens zentral ist.

Wie kein Gesetz befiehlt, die eigenen Eltern zu lieben oder den eigenen Kindern zu verzeihen – es wäre nämlich überflüssig, zu etwas angehalten zu werden, was man intuitiv tut –, wie niemand zur Eigenliebe aufgefordert werden muss, die er vom Moment seiner Geburt an annimmt, so muss er auch nicht dazu aufgefordert werden, dass er ethisch Gutes um seiner selbst willen anstrebt. Es gefällt uns von selbst, und ein sittlicher Charakter ist so überaus beliebt, dass es sogar schlechten Menschen zu eigen ist, das Bessere gutzuheißen. ... Niemand hat sich je so weit vom Gesetz der Natur entfernt und das Menschsein abgelegt, dass er absichtlich schlecht wäre. ... Auch derjenige, dessen Lebensunterhalt im Umherziehen und Raubmord an Passanten besteht, wird wünschen, jenes Raubgut lieber zu finden als zu entreißen. Niemanden wirst du ausfindig machen, der nicht den Lohn seiner Schlechtigkeit lieber ohne Schlechtigkeit genießen will. Wir besitzen diese größte Wohltat der Natur, dass eine sittliche Charakterstärke ihr Licht in die Herzen aller strahlen lässt. Sogar diejenigen, die ihr nicht folgen, können sie sehen.

(*De beneficiis* 4,17,2–4)

Auch moralisch schlechte Menschen, hier am Beispiel des berufsmäßigen Verbrechers gezeigt, sind also per se zu einem moralisch richtigen Verhalten fähig: Diese grundlegende Fähigkeit ist metaphysisch begründet und aus stoischer Sicht in der Ordnung des Kosmos angelegt. Da die Mehrheit der Menschen dieses moralisch richtige Verhalten nicht nur erkennen kann, sondern auch danach lebt, konnten sich menschliche Gemeinschaften entwickeln, die ja auf ein funktionierendes Miteinander angelegt sind. Dieses besteht in allen Organisationsstrukturen menschlicher Gesellschaft in einem Geben und Nehmen, das auf der Grundlage der *virtus* beruht und damit metaphysisch grundgelegt ist.

Grundlage II: Die Gemeinschaft der Menschen ist ein gottgewollter Zustand.

Man soll wissen, dass ein dankbarer Gesinnungszustand um seiner selbst willen erstrebenswert ist, ein undankbarer um seiner selbst willen zu vermeiden. Denn nichts entzweit die Einigkeit der Menschen so stark wie diese Fehlhaltung. Denn wie können wir anders in Sicherheit leben als dadurch, dass wir uns durch gegenseitige Gefälligkeiten Unterstützung zukommen lassen? Nur aufgrund dieses einen Punktes ist das Leben besser ausgerüstet und gegen plötzliche Angriffe besser geschützt: durch den Austausch von Wohltaten. Mach uns zu Einzelwesen, was sind wir dann? Eine Beute für die Tiere, Opfer und ein nettes sowie sehr leicht erreichbares Blut, da die anderen Tiere ausreichend Kräfte zu ihrem eigenen Schutz haben. Alle Tiere, die ohne festes Revier geboren wurden und ein Leben ohne Herde führen werden, sind bewaffnet. Den Menschen umgibt zum Schutz nur seine schwache Haut. Nicht die Kraft seiner Krallen, nicht die seiner Zähne hat ihn für die übrigen Lebewesen furchteinflößend gemacht: Nur die Gemeinschaft schützt den Waffenlosen und Schwachen. Nur zwei Dinge hat Gott gegeben, die ihn, den Ausgelieferten, besonders stark machen: den Verstand und die Gemeinschaft. Deshalb macht er, der keinem Lebewesen gewachsen ist, wenn er sich separiert, sich die Erde untertan.

Die Gemeinschaft gab ihm die Herrschaft über alle Lebewesen, die Gemeinschaft hat ihm, einem Landlebewesen, die Herrschaft über ein fremdes Element übertragen und ihm befohlen, auch auf dem Meer seine Herrschaft auszuüben. Dies hat den Ansturm der Krankheiten ferngehalten, hat dem Alter Beistand verschafft und hat Trost gegen den Schmerz gegeben. Dies macht uns stark, weil es uns erlaubt, gegen das Schicksal Beistand herbeizurufen. Beseitige diese Gemeinschaft, und du wirst die Einheit der menschlichen Spezies zerstören, die das Leben aufrechterhält. ...

(De beneficiis 4,18,1–4)

Die Gemeinschaft der Menschen, wie auch immer sie gesellschaftlich, politisch, religiös oder kulturell organisiert ist, ist Grundelement menschlichen Lebens. Der Mensch ist nur stark und handlungsfähig in Gemeinschaft, sie ermöglicht erst technischen und gesellschaftlichen Fortschritt sowie Sicherheit und Wohlstand. Wo sie fehlt oder bewusst verhindert wird, entstehen Schwäche und Handlungsunfähigkeit. Nicht zuletzt deshalb empfiehlt der italienische Staatsphilosoph Machiavelli (1469–1527) dem monarchischen Herrscher das später sprichwörtlich gewordene *Divide et impera!* – »Teile und herrsche!«. Eine zersplitterte Gruppe wendet sich gegeneinander und nicht gegen einen gemeinsamen Feind. So kann der Herrscher unbeirrt Macht über alle ausüben.

Zentral für Seneca ist in dem Textauszug jedoch, dass die überlebenswichtige Gemeinschaft der Menschen nicht nur rein evolutionstheoretisch und damit biologisch im Unterschied zum Tierreich hergeleitet wird, sondern vor allem metaphysisch. Seneca spricht von Gott, der dem Menschen Vernunft und Gemeinschaft erst verschafft hat. Er meint hier jedoch nicht einen persönlich gedachten oder gar christlichen Schöpfergott, sondern denkt stoisch: Die göttliche Kraft des Kosmos, von der auch im Menschen ein göttlicher Funke existiert, befähigt ihn zur Teilhabe an der Weltvernunft und lässt ihn ausgehend davon Gemeinschaften bilden. Diese wiederum sind Grundlage dafür, dass der Mensch mächtiger wird als alle anderen Lebewesen des Planeten Erde, was auch zentrales Kennzeichen der Spezies Mensch ist. Der Mensch ist von einer höheren Kraft zur Gemeinschaft bestimmt, und diese Gemeinschaft macht ihn erst zum Menschen und nicht nur zu einem Säugetier auf zwei Beinen.

Für Seneca als Stoiker zählen weiter nur innere Güter in Form eines vernunftgemäßen und an sittlichen Charaktermaßstäben orientierten Lebens. Die Äußerlichkeiten des Lebens bis hin zum Leben selbst stellen im Grunde dann nur Belanglosigkeiten dar, die der Mensch geringschätzen muss, um wahrhaft glücklich zu leben (siehe Lektionen 1 und 2). Gesellschaftliche Unterschiede zeichnen sich jedoch gerade durch äußere Werte wie Abstammung und Besitz aus und sind in der Folge auch nur scheinbare und belanglose Unterschiede zwischen den Menschen. Soziale Unterschiede und der daraus entstehende gesellschaftliche Stand einer Person lassen somit keinen Rückschluss auf die innere Disposition des Einzelnen zu, so dass es im Umgang mit anderen vor allem darauf ankommt, die äußeren Umstände und Graduierungen innerlich zu nivellieren.

Der Umgang mit Höherstehenden

In meinen Augen sind diejenigen auf dem Holzweg, die glauben, dass echte Philosophen trotzig und widerspenstig, dass sie Verächter der Beamtenschaft, der Könige oder der Staatslenker seien. Im Gegenteil: Niemand ist jenen gegenüber dankbarer, und das nicht zu Unrecht: Denn keinem bringen sie mehr Nutzen als denjenigen, die eine von öffentlichen und beruflichen Pflichten freie Zeit in Ruhe genießen dürfen. Deshalb müssen notwendigerweise auch diejenigen, denen die öffentliche Sicherheit einen großen Beitrag zu ihrem Lebensziel eines glücklichen Lebens leistet, den Stifter dieses Gutes wie einen Vater ehren. ... Jener gänzlich unverdorbene Mann, der Rathaus und Markt und jegliche Staatsverwaltung verlassen hat, um sich in Zurückgezogenheit weitreichenderen Dingen zu widmen, schätzt diejenigen, durch die er das in Sicherheit tun kann. ... Wie er seine Lehrer ehrfurchtsvoll bewundert, dank derer er aus jenen Abwegen entkommen ist, so auch diejenigen, unter deren Schutz er den schönen Künsten nachgeht. ...

Die dumme Habgier der Menschen unterscheidet zwischen Besitz und Eigentum, und niemand glaubt, dass auch ihm gehört, was öffentlich verfügbar ist. Ein weiser Mensch hingegen hält nichts mehr für sein Eigentum, als was ihm mit der gesamten Menschheit Gemeingut ist. ... Friede und Freiheit, diese Güter sind ebenso Besitz aller wie des Einzelnen. Daher bedenkt er, durch wen ihm der Gebrauch und Genuss dieser Güter zuteilwird, durch wen ihn keine öffentliche Zwangslage zu den Waffen, zum Ableisten von Wachdiensten, zum Schutz der Stadtmauer und zu Kriegssteuer verpflichtet, und dankt seinem Staatslenker. Dies lehrt die Philosophie vor allem: mit der entsprechenden Haltung für Wohltaten zu danken und sie ebenfalls zu erbringen. Manchmal ist die Erbringung von Wohltaten gerade die Anerkennung. Ein weiser Mensch wird also zugeben, dass er demjenigen viel verdankt, durch dessen Verwaltung und voraussichtiges Handeln ihm eine ergiebige Zeit frei von Pflichten, freie Zeiteinteilung und eine Ruhe zuteilwird, die nicht durch öffentliche Geschäfte gestört wird.   (*Epistulae morales* 73,1–10)

Der Philosoph – wir würden heutzutage wohl eher den Begriff des ›Intellektuellen‹ gebrauchen – steht in aller Regel außerhalb von politischer Verantwortung und öffentlicher Verpflichtung. Diese reine Zuschauerposition am Spielfeldrand des politisch-gesellschaftlichen Geschehens und öffentlichen Diskurses verschafft ihm daher die Zeit und Möglichkeit zu intensiver Reflexion philosophischer, politischer, gesellschaftlicher und auch der sogenannten ›letzten‹ Fragen. Diese Reflexion ist für den Einzelnen wie für eine moderne freie Gesellschaft essentiell wichtig, da sie zur eigenen Positionsbestimmung und Ausrichtung sowie zur politisch-gesellschaftlichen Meinungsbildung beiträgt.

Diese Freiheit des Philosophen bzw. Intellektuellen garantiert aber erst ein versierter Staatsmann. Trotz der offensichtlichen Fehlhaltungen der politischen Eliten zu allen Zeiten, darunter Machtgier, krasse Fehlentscheidungen, Verschwendung von Steuergeld, Arroganz und Selbstherrlichkeit, Geltungsdrang und das krampfhafte Festhalten am eigenen Stuhl: fundamentales Politiker-Bashing kommt nicht selten aus politischen Rändern und schlecht gebildeten bzw. schlecht informierten Kreisen, die gegen ›Die da oben‹ opponieren. Der wahrhaft verständige, mit Senecas Worten: der weise Mensch weiß jedoch: Kein Friede und keine funktionierende öffentliche Verwaltung und Ordnung ist zu teuer erkauft, und die Freiheit des Einzelnen ist bedingt durch die Tätigkeit einer politischen Elite von Entscheidungsträgern. Die äußeren Unannehmlichkeiten staatlichen Handelns und seiner Akteure sollten daher zugunsten der daraus resultierenden inneren Annehmlichkeiten für die Empfänger dieses Handelns hintangestellt werden.

Erwähnenswert ist in diesem Zusammenhang, dass Seneca diese Meinung nicht *wegen,* sondern *trotz* seiner eigenen Zugehörigkeit zur politisch-gesellschaftlichen Oberschicht seiner Zeit vertritt. Zwar war er als Erzieher des jugendlichen Kaisers Nero und wegen der kommissarischen Ausübung der politischen Geschäfte auch Gestalter von politischer Macht, aber dabei auch ihr Opfer. So wurde er bereits zu Beginn seiner politischen Karriere aufgrund einer Intrige für acht Jahre nach Korsika verbannt. Und Jahre später zwang ihn die Auflehnung gegen Neros zunehmend despotisches Regiment letzten Endes zum Selbstmord. Sollten wir daher, ohne berechtigte Kritik zu verschweigen, für die funktionierenden Dinge eines Staates nicht auch dankbar sein?

Der Umgang auf Augenhöhe

Ein Stoiker wie Seneca kann nicht auf das Thema Freundschaft eingehen, ohne einen Blick auf eine andere hellenistische Philosophenschule zu werfen, die der Stoa gerne als philosophischer Gegenentwurf gegenübergestellt wird: der Epikureismus. Dieser empfiehlt ein Leben in Zurückgezogenheit und Freiheit von unnötiger Beschwernis des eigenen Daseins. Was er jedoch für unbedingt notwendig erachtet, sind Freunde, mit denen man dieses sorglose Leben teilen kann. Wie sieht das nun die Stoa, der zufolge der ideale Weise vollkommen bedürfnislos zu denken ist. Braucht *er* Freunde?

Ein weiser Mensch ist mit sich selbst in der Weise zufrieden, dass er nicht ohne Freund sein *will*, sondern *kann*. Und dies gestaltet sich wie folgt: Den Verlust eines Freundes trägt er mit Gleichmut. Ohne Freund wird er allerdings niemals sein. In seiner Macht steht es, wie schnell er sich von dem Verlust erholt ... Wenn ein weiser Mensch auch mit sich selbst zufrieden ist, will er dennoch einen Freund haben, und das nur, um die Freundschaft zu pflegen, damit ein so großer geistiger Wert nicht ungenutzt bleibt. ... Wer nur auf sich selbst blickt und deswegen eine Freundschaft eingeht, hat schlechte Absichten. ... Das sind die Freundschaften, die man landläufig als

Freundschaft auf Zeit bezeichnet. Wer nur aus Zweckdienlichkeit zum Freund gemacht wurde, wird so lange recht sein, wie er nützlich gewesen ist. Eine ganze Schar von Freunden umgibt Begüterte, um Bankrotteure herrscht Einsamkeit, und von dort fliehen die Freunde, wo sie sich bewähren sollten. ... Jenen weisen Menschen bringt keinerlei Nutzenorientierung zur Freundschaft, sondern ein naturgegebener innerer Antrieb: Denn wie uns ein Bedürfnis nach anderen Dingen angeboren ist, so ist es auch ein Bedürfnis nach Freundschaft. Wie die Einsamkeit verhasst ist und die Gesellschaft erwünscht, wie die Natur die Menschen untereinander zusammenbringt, so wohnt auch dieser Sache ein innerer Antrieb inne, der uns dazu bringt, Freundschaften eingehen zu wollen. *(Epistulae morales 9,5–17)*

Der stoische Weise braucht also keine Freunde. Ganz mit sich und der Welt im Einklang kann er frei von jedwedem äußeren Gut leben – und als äußeres Gut ist gemäß streng stoischer Betrachtungsweise auch ein Freund zu rechnen. Wie wir gelesen haben, weiß Seneca dennoch um die natürliche und auch notwendige Ausrichtung des Menschen nach Gemeinschaft. Freundschaft ist daher für ihn ein äußeres und damit verzichtbares, aber dennoch ein wichtiges Gut, das das menschliche Dasein zweifelsohne aufwertet. Dies kann jedoch nur geschehen, wenn Freundschaften zweckfrei und ohne jegliche Nutzenorientierung eingegangen werden. Ein Freund ist somit erst dann ein Freund, wenn der rein menschliche Umgang miteinander im Zentrum steht und nicht die Aussicht auf einen persönlichen Vorteil. Echte Freundschaft wird dann zu einem praktisch gelebten Ausdruck wahren Menschseins.

Der Umgang mit Untergebenen

Ich will eine Frage voranstellen, die bei den meisten Leserinnen und Lesern Stirnrunzeln, wenn nicht gar Kopfschütteln hervorrufen dürfte: Sind alle Menschen gleichwertig? Sie dürften sich fragen: Warum sollen Menschen nicht gleichwertig sein? Die Gleichheit aller Menschen, unabhängig von Geschlecht, Alter, ethnischer Zugehörigkeit und sonstigen denkbaren Kategorien ist eine Grundlage modernen Denkens, und annähernd alle demokratisch orientierten Staatsformen haben in irgendeiner Art und Weise diesen Gleichheitsgrundsatz in ihre grundlegenden Verfassungstexte aufgenommen. Die Antike hatte ein gänzlich anderes Menschenbild. Am deutlichsten gewinnt dieses Ausdruck im Sklavenwesen der Römer.

Es war selbstverständlich und gesellschaftlich akzeptiert, Menschen den Status des Menschen quasi abzusprechen und sie gleichsam als menschliche Maschinen und damit als Sacheigentum des jeweiligen Herrn anzusehen. Hier gilt es aus moderner Perspektive, eine klare Trennlinie nicht aus den Augen zu verlieren. Völlige Gleichheit unter den Menschen ist auch in der fortschrittlichsten und modernsten westlichen Urbangesellschaft nicht vorhanden, was verschiedene Diskurse anschaulich illustrieren. Die aktuelle gesellschaftliche Debatte kreist dabei vor allem um das Thema der Gleichbehandlung von Mann und Frau. ›Gender Pay Gap‹, ›gendergerechte Sprache‹ und ›Frauenquote‹ sind die gängigen Schlagworte bzw. Reizwörter. Niemand käme jedoch auf die Idee, eine vorherrschende Ungleichheit in einem bestimmten gesellschaftlichen Bereich mit einer natürlichen Ungleichwertigkeit zu begründen und damit zwischen Mensch und Nicht-Mensch zu unterscheiden. Hier würden Erinnerungen an dunkelste Kapitel der deutschen Geschichte wach, denn die Bezeichnung ›Untermensch‹ wurde ja tatsächlich schon einmal als Kategorie verwendet. Einen zeitlosen, modern anmutenden Blick auf diese Thematik – und gleichzeitig einen für seine eigene Epoche vollkommen unzeitgemäßen – bietet uns Seneca in einem seiner berühmtesten Texte, dem sogenannten Sklavenbrief:

Lieber Lucilius,
mit Freuden erfahre ich von Leuten, die von dir kommen, dass du mit deinen Sklaven einen vertrauten Umgang pflegst. Das ist auch deiner Klugheit und Bildung angemessen. »Es sind doch nur Sklaven.« – Nein, Menschen. »Es sind doch nur Sklaven.« – Nein, Gefährten. »Es sind doch nur Sklaven.« – Nein, Freunde von niederem Rang. »Es sind doch nur Sklaven.« – Nein, höchstens Mitsklaven, wenn man bedenkt, welche Macht das Schicksal über alle beide hat. ... Bedenke, dass der, den du Sklave nennst, aus dem gleichen Samen entstanden ist, den gleichen Himmel genießt, gleichermaßen atmet, gleichermaßen lebt und gleichermaßen stirbt! So kannst du ihn als frei geborenen betrachten, wie er dich als Sklaven. Durch die Niederlage in der Varusschlacht [9 n. Chr., im Raum Kalkriese, Niedersachsen] hat das Schicksal viele Söhne aus bestem Hause degradiert, die durch den Kriegsdienst in den Rang eines Offiziers aufzusteigen versuchten: Der eine von ihnen wurde Hirte, der andere Türwächter. Und jetzt verachte einmal einen Menschen, dem so ein Schicksal widerfahren ist, das auch dir widerfahren kann, noch während du es verachtest! ...

Die Quintessenz meines Lehrsatzes lautet wie folgt: Gehe mit einem Menschen von niederem Rang so um, wie du willst, dass jemand von höherem Rang mit dir umgeht. Wann immer dir bewusst wird, was dir einem Sklaven gegenüber erlaubt ist, soll dir auch bewusst werden, dass deinem Herrn dir gegenüber ebenso viel erlaubt ist! ...

»Es ist doch nur ein Sklave.« – Aber vielleicht innerlich frei. »Es ist doch nur ein Sklave.« – Ist das für ihn ein Nachteil? Zeig mir, wer kein Sklave ist! Der eine ist Sklave seiner Libido, der andere seiner Habgier, wieder ein anderer seiner Karriere. Alle sind Sklaven der Hoffnung, alle sind Sklaven der Angst. ... Keine Knechtschaft ist erbärmlicher als die, die aus freien Stücken eingegangen wurde. Es besteht daher kein Grund, dass diese Schnösel dich davon abschrecken, dich deinen Sklaven gegenüber freundlich zu zeigen und nicht hochmütig, obwohl du von höherem Rang bist. Sie sollen dich lieber verehren als fürchten!   (*Epistulae morales* 47,1–17)

Dieser Text hat es in sich. Allein, einen Sklaven als Menschen zu bezeichnen, war für Senecas Zeit zumindest ungewöhnlich, denn rein rechtlich galten sie als Sachgegenstände. Seneca denkt hier jedoch ganz stoisch und leitet seine Ansichten aus diesem philosophischen System folgerichtig ab: Der göttliche Geist der Vernunft, die Weltvernunft, durchzieht den gesamten Kosmos und wohnt auch dem Menschen inne. Somit sind auch Sklaven, wenngleich ihr gesellschaftlicher Rang die unterste denkbare Stufe darstellt, vernunftbegabt und können philosophisch denken und handeln. Zudem sind freie Menschen wie unfreie von den äußeren Einflüssen der Welt betroffen: Glück und Unglück treffen beide gleichermaßen, und aus angesehenen Menschen der oberen Gesellschaftsschicht sind binnen kurzer Zeit armselige Kreaturen geworden. Auch der Höherstehende kann sich somit auf nichts verlassen und muss sich innerlich frei von derartigen äußeren Einflüssen positionieren. Daraus leitet sich im Umgang mit untergebenen Menschen auch die hier geforderte Haltung der Demut ab, die einen weisen Menschen davon abhält, sich arrogant über andere zu erheben – zu schnell ist ein Wechsel der Verhältnisse möglich.

Der philosophisch wohl zentrale Punkt dieser Passage ist jedoch, dass Freiheit und Unfreiheit von Seneca uminterpretiert werden. Frei kann auch der äußerlich unfreie Sklave sein, wenn er nur innerlich frei ist. Unfrei hingegen kann auch der äußerlich freie Herr sein, wenn er sich von niederen Motiven – Seneca nennt drei Eigenschaften, die in christlichem Kontext mit den Todsünden Wollust, Habgier und Stolz gleichzusetzen wären – leiten lässt. Freiheit heißt für alle Menschen eben innere Freiheit, da äußere Freiheit lediglich eine Variable in der Gleichung des menschlichen Lebens darstellt (siehe dazu ausführlich Lektion 4).

Festzuhalten ist in diesem Zusammenhang, dass es sich bei den *Epistulae morales* nicht um echte Briefe handelt, die an einen Adressaten versandt wurden. Vielmehr handelt es sich um Kunstprosa, in der Seneca einen Gutteil seiner Lehre vermittelt, um dem Leser vertrauter und persönlicher gegenüberzutreten zu können. An vielen Stellen in diesen Briefen veranschaulicht er abstrakte philosophische Gedankengänge an ganz konkreten, lebensnahen Fallbeispielen. Das in der zitierten Textpassage wiederholt eingeworfene platte Kontraargument »Es sind doch nur Sklaven.« wird dabei nicht Lucilius in den Mund gelegt, sondern bringt die falsche allgemeine Meinung der Zeitgenossen plakativ auf den Punkt – und Seneca kann umso gezielter widersprechen.

Es ist an den für dieses Kapitel ausgewählten Stellen klar erkennbar, dass jedweder menschliche Umgang in den Augen Senecas und aus Perspektive der Stoa ein um Ausgleich und wohlwollendes Miteinander bemühter ist. Daraus leitet sich auch die stoische Forderung ab, dass ein weiser, philosophisch gebildeter Mensch die Pflicht hat, sich für ein gelingendes Miteinander und damit für das Gemeinwohl einzusetzen.

LEKTION 6:
Sich um das Gemeinwohl bemühen

Freut sich denn irgendjemand der Herrschaft? O täuschendes Gut,
wie viele Übel bedeckst du mit welch schmeichelndem Antlitz!
Wie hohe Bergesrücken fangen die Winde beständig
und wie die Klippe mit Felsen scheidend die weite See
die Flut des Meeres auch bei Meeresstille noch peitscht,
so ist auch höchste Macht stets ausgeliefert dem Schicksal.

(Oedipus 6–11)

Seneca hat nicht nur philosophische Abhandlungen verfasst,
sondern auch Theaterstücke, genauer: Tragödien. Der Textauszug stammt aus der Tragödie *Ödipus* und zeigt die Klage
dieses Königs von Theben, dessen Land von der Pest heim-
gesucht wird. Er steht in der Pflicht, sich zu kümmern und
seinen Untertanen Linderung und Abhilfe zu verschaffen,
sieht sich aber am Rande seiner Möglichkeiten. Seneca weiß:
Auch das heißt mächtig sein. In ständiger Verantwortung für
andere zu stehen, für Unwägbarkeiten des Schicksals verantwortlich gemacht zu werden sowie ständiger Kritik und An-
feindung ausgesetzt zu sein. Lohnt es sich da überhaupt, sich

für ein Gemeinwohl zu engagieren und politisch tätig zu sein?

Als Vertreter der Stoa und als Individuum hätte Seneca diese Frage sicher mit Ja beantwortet. Er selbst war lange Jahre seines Lebens politisch tätig, hat die Erziehung des jungen Kaisers Nero besorgt, mehrere Jahre dessen Staatsgeschäfte geleitet und durch Intrige und Verdächtigungen mehrfach auch die Schattenseiten politischer Tätigkeit zu spüren bekommen. Und dennoch: politische Tätigkeit fußt auf einem philosophischen Fundament und ist damit praktische Umsetzung philosophischer Theorie im wahren Leben.

Grundlage I: Der Mensch, ein Sozialwesen

All dies, was du siehst, worin Göttliches und Menschliches zusammengefasst sind, stellt eine Einheit dar. Wir sind die Glieder eines großen Körpers. Die Natur hat uns als Blutsverwandte geschaffen, indem sie uns aus derselben Materie und auf denselben Zweck hin schuf. Sie gab uns wechselseitige Liebe und machte uns gesellschaftsfähig. Sie gestaltete Wohlwollen und Recht, und aufgrund der von ihr eingerichteten Ordnung ist es in höherem Maße armselig zu schaden, als Schaden erleiden zu müssen: Aufgrund ihres Befehls sind die Hände bereit zu helfen. Jenen Vers soll man im Herzen haben und im Munde führen: ›Ich bin ein Mensch, nichts Menschliches halte ich an mir für fremd.‹

Lasst uns eng verbunden sein: Wir sind für die Gemeinschaft geboren; unsere Gesellschaft hat große Ähnlichkeit mit einem Steinbogen, der einstürzen würde, wenn sich die Steine nicht gegenseitig stützen würden, und der gerade dadurch gehalten wird.

(*Epistulae morales* 95,52–53)

Dieser Gedankengang Senecas stellt eine basale philosophische Erkenntnis dar, die auch von Vertretern anderer Philosophenschulen gebilligt worden wäre. Die einzelnen Individuen der Spezies Mensch sind in ihrer Körperlichkeit und Vergänglichkeit gleich geschaffen. Die Spezies organisiert sich in verschiedensten Gruppierungen, um ihr Überleben zu sichern, wobei der Einzelne grundsätzlich dazu bereit ist, für das Gedeihen der Gruppe Einzelinteressen zurückzustellen. Eine Reihe von Metaphern wurde zur Illustrierung dieses Grundgedankens herangezogen, von denen zwei auch in diesem Textstück vorliegen: Die menschliche Gemeinschaft ist wie ein menschlicher Organismus, in dem jedem Teil wie jedem Organ eine zentrale Aufgabe zukommt, ohne die der Gesamtorganismus nicht überlebensfähig ist. Der Legende nach konnte mit dieser simplen Analogie schon Menenius Agrippa die Ständekämpfe im frühen Rom (frühes 5. Jahrhundert v. Chr.) beilegen, indem er die Plebejer von ihrem Auszug aus der Stadt Rom auf den *mons sacer*, den »heiligen Berg«, zurückholen konnte. Seneca verwendet im vorliegenden Textstück zudem noch das Bild eines Steinbogens, der nur stabil und belastbar ist, wenn alle Steine sich gegenseitig stützen und sich die Last dadurch gleichmäßig verteilt. In unserer heutigen Zeit ist es demgegenüber das in unzähligen Teambuilding-Kursen und Gruppenseminaren bemühte Bild von der Kette, die in ihrer Gesamtheit immer nur so stark ist wie ihr schwächstes Glied.

Doch stimmt dieses Bild? Ist der Mensch wirklich ein im Grunde selbstloses Wesen, das auf den Fortbestand der Gruppe hin angelegt ist, oder geht es nicht vielmehr immer um das jeweils eigene Fortkommen, auf dessen Weg die Gemeinschaft ein notwendiges Übel ist, das es schnellstmöglich zu überwinden bzw. zum eigenen Vorteil auszunutzen gilt? Über diese

Frage wurde in der Geschichte der Philosophie viel Tinte vergossen, das Ergebnis ist offen und geht oft mit politischen Grundeinstellungen einher, je nachdem, ob für den Einzelnen die Solidargemeinschaft oder die individuelle Freiheit den höheren Wert darstellt. Die philosophische Grundlage, die auch Seneca hier skizziert, ist jedoch unverrückbar: Der Mensch ist ein Gemeinschaftswesen und bildet im Lauf seiner Geschichte immer wieder unterschiedliche Formen seiner Gemeinschaft aus. In allen diesen Formen von Gemeinschaft gibt es Hierarchie und eine Ungleichverteilung von Macht und Möglichkeiten. Das Paradoxe dabei: Die ungleiche Verteilung von Macht scheint die Grundvoraussetzung für stabile Gemeinschaften zu sein. Denn solange eine Gesellschaft es schafft, dieses Ungleichgewicht in einem für alle Gesellschaftsmitglieder verträglichen und erträglichen Maß auszutarieren, so lange hat auch die jeweilige Gesellschaftsform Bestand.

Die Gestaltung von Gemeinschaft und gesellschaftlichem Zusammenleben – Politik – ist immer auch Aufgabe des Menschen. Mal nur in Form von Befugnissen eines kleinen Zirkels von Mächtigen, mal als Recht aller wahlberechtigten Personen eines bestimmten Territoriums. Fest verbunden mit der Tatsache, dass der Mensch ein Gesellschaftswesen ist, ist somit auch die Tatsache, dass er in höherem oder geringerem Maße dazu fähig und berufen ist, seine Gesellschaft organisatorisch zu begleiten bzw. zu gestalten.

Grundlage II: Der Mensch im Dienst für das Gemeinwohl

Ich bin der Ansicht, dass von einer sittlichen Charakterstärke und demjenigen, der sich diese zum Ziel gesetzt hat, Folgendes zu tun ist: Wenn das Schicksal sein Vorrecht geltend macht und Handlungsmöglichkeiten beschneidet, dann soll er sich nicht sofort abwenden und unbewaffnet fliehen, auf der Suche nach einem Versteck – als ob es irgendeinen Ort gäbe, an dem einen das Schicksal nicht einholen kann. Vielmehr soll er sich zurückhaltender an Verpflichtungen heranwagen und mit Bedacht etwas finden, womit er der Gesellschaft nützlich sein kann. Militärdienst ist unmöglich? Dann soll er eben Ehrenämter anstreben. Als Privatmann muss er leben? Dann soll er eben Redner sein. Schweigen ist angeordnet? Dann soll er die Bürger eben durch schweigenden Beistand unterstützen. Das Betreten des Forums ist gefährlich? Dann soll er eben in Privathäusern, bei Theateraufführungen, bei Festlichkeiten ein guter Kamerad, treuer Freund und maßvoller Gast sein. Die Pflichten eines Bürgers hat er verloren? Dann soll er eben die eines Menschen übernehmen.

Aus diesem Grund haben wir uns großherzig nicht in den Mauern einer einzigen Stadt eingeschlossen, sondern uns in den Umgang mit der ganzen Welt entsandt und kundgetan, die ganze Welt sei uns Heimat, um der sittlichen Charakterstärke breiteren Raum zu geben. Der Gerichtshof ist dir verschlossen und von Rednerbühnen und Volksversammlungen wirst du ferngehalten? Dann sieh dich um, welcher Raum an weitläufigsten Gegenden dir offensteht und welche Menge an Völkern. Niemals wird dir ein großer Teil so verschlossen, dass nicht ein größerer übrig bleibt. ...

Wenn einen das Schicksal von der führenden Rolle im Staat ferngehalten hat, soll man dennoch seinen Mann stehen und mit Zurufen helfen, und wenn man den Mund zugehalten bekommt, soll man dennoch seinen Mann stehen und mit Schweigen helfen. Niemals ist die Bemühung eines guten Bürgers nutzlos: Er wurde gehört und gesehen. Schon durch seinen Gesichtsausdruck, durch Nicken, durch seine schweigende Hartnäckigkeit und gerade seine Anwesenheit ist er von Nutzen. ... Denn niemals ist alles so verfahren, dass es keinen Raum für eine ehrenvolle Tätigkeit gibt.

(De tranquillitate animi 4,2–4.6.8)

Der Dienst am Gemeinwohl – so lesen wir hier – ist also nicht auf eine politische Tätigkeit beschränkt, hat aber sehr wohl Teilhabe und Teilnahme am politischen und gesellschaftlichen Geschehen zum Thema. Der Einsatz und die Teilnahme sind nicht regional beschränkt – als bekanntestes heutiges Beispiel könnte man Arnold Schwarzenegger anführen, der als gebürtiger Österreicher in den Vereinigten Staaten als Gouverneur von Kalifornien politisch tätig war. Der einzig unverrückbar notwendige Aspekt ist die sittliche Charakterstärke, die *virtus*, die unmittelbar verknüpft ist mit wertebewusstem, planvollem und weitsichtigem Handeln. Auch wenn die politische Lage schwierig, ja verfahren wirkt, kann man seinen aktiven Beitrag durch ein ehrenvolles Handeln leisten. Gewalt ist für Seneca dabei keine Option, sie stünde der *virtus* fundamental entgegen – wohl aber die planvolle Überlegung, wie und wo man der *virtus* im tätigen Leben Ausdruck geben kann. Praktische Sittlichkeit und Charakterfestigkeit ist somit vor allem eine Sache der inneren Einstellung.

Die Praxis politischer Tätigkeit

Dass Seneca im zitierten Textauszug so viele Alternativen gesellschaftlichen Engagements zu politischer Tätigkeit bietet, mag auch in seiner Biographie begründet sein. Dass er in seiner achtjährigen Verbannung nach Korsika auch die Tücken und Intrigen politischen Handelns kennengelernt hat, ist bekannt. Seneca war selbst gezwungen, eine direkte politische Tätigkeit durch wertvolle Alternativen zu ersetzen, um seine *virtus* weiterhin zu kultivieren und ihr Raum im praktischen Leben zu geben. Ein weiterer biographischer Aspekt ist, dass er, vermutlich im Jahr 1 n. Chr. geboren, sein Leben in einem – modern gesprochen – autokratischen System verbrachte. Die alte römische Republik kann er nur aus Büchern, mit etwas Glück aus den Erzählungen älterer Mitbürger kennengelernt haben. Die klassischen republikanischen Einrichtungen wie der Senat oder die auf ein Jahr befristeten politischen Ämter waren bereits entwertet und bestanden nur noch pro forma fort. Was zählte, war der Kaiser mit seinem Beamtenstaat. Er bestimmte die politische Richtung.

Als Seneca als Erzieher Kaiser Neros die Staatsgeschicke selbst lenkte, tat er dies immer in Absprache mit den anderen zentralen Personen hinter Nero und auch ohne Rücksicht auf ehemals bedeutende republikanische Institutionen. Wenn Seneca von Politik spricht, geht es also selten um gemeinsame Entscheidungen und den Prozess einer demokratischen Willensbildung, sondern vielmehr um das hierarchische Verhältnis von Herrscher und Untergebenem. In seiner Schrift *Über die Milde* (*De clementia*) wandte sich Seneca direkt an seinen Schüler, Kaiser Nero:

Denn wenn du ... der Geist deines Staates bist und jener dein Körper, dann kannst du erkennen, wie notwendig die Milde ist: Du schonst dich nämlich selbst, wenn du dein Gegenüber zu schonen scheinst. Schlechte Bürger muss man daher auch schonen, nicht anders als ermüdete Glieder, und wenn einmal ein Aderlass vorgenommen werden muss, muss man die Klinge zurückhalten, damit sie nicht weiter als notwendig die Ader öffnet.

Die Milde ist also, wie ich sagte, eine Eigenschaft, die allen Menschen wesensgemäß ist, vor allem aber eine Zierde für die Kaiser. Sie hat bei jenen umso mehr Bedeutung, weil sie bewahrt und sich umso mehr an einem bedeutenderen Gegenstand zeigt.

(*De clementia* 3,1,5)

Auch in einem monarchistisch organisierten Staatsgebäude besteht eine Wechselbeziehung: zwischen Herrscher und Volk. Es ist sinnvoll, dass diese Wechselbeziehung auf philosophischen und damit von der Vernunft abgeleiteten Grundlagen beruht, wie Seneca dies hier darlegt. Die wichtigste Eigenschaft eines guten Herrschers ist dabei die Milde, denn sie schützt diese Wechselbeziehung und ermöglicht einen stabilen Zusammenhalt des Reiches und damit den Fortbestand der Herrschaft. Sie ist bei einer so großen Machtkonzentration, wie sie in einem monarchistischen Staat vorliegt, zudem das zentrale Unterscheidungskriterium zwischen guter und schlechter Herrschaft.

Die Milde erweist die Herrschenden nicht nur als ehrenvoller, sondern schützt sie auch in höherem Maße. Sie ist ihr Schmuck und zugleich ihr sicherstes Wohlergehen. Was ist nämlich der Grund dafür, dass Könige alt werden können und ihren Kindern und Enkeln Reiche vererben, während die Herrschaft von Tyrannen verabscheuungswürdig und kurz ist? Was für ein Unterschied besteht zwischen Tyrann und König – denn rein äußerlich sind ihre Lebensumstände und ihre schrankenlose Macht gleich –, außer dass Tyrannen völlig willkürlich wüten, Könige nur aus begründeter Notwendigkeit heraus. (*De clementia* 3,11,4)

Die Wesenseigenschaft der Milde ist im monarchistischen Staat multivalent. Sie ist die zentrale Charaktereigenschaft eines guten Herrschers und festigt damit dessen Herrschaft: Unter einem milden Herrscher und in einem stabilen und verlässlichen System sind die Untertanen zufrieden und hegen keinen Wunsch nach Aufruhr und Revolution.

Es ist nicht nötig, Burgen auf Anhöhen zu errichten, noch schwer zu erklimmende Hügel gangbar zu machen, noch die Seiten von Bergen abzutragen oder sich mit vielfältigen Mauern und Türmen zu umgeben: Die Milde wird das Wohl des Königs in aller Öffentlichkeit gewährleisten. Die Liebe der Bürger ist die einzige uneinnehmbare Festung.

Was gibt es Schöneres, als unter all denen zu leben, die äußern, was sie wünschen, und ihre Wünsche ohne Beisein von Wachpersonal feierlich aussprechen? Bei angeschlagener Gesundheit nicht die Hoffnung der Menschen hervorzurufen, sondern deren Sorge? Dass es für niemanden etwas so Wertvolles gibt, als dass er es nicht für das Heil seines Schutzherrn tauschen wollte? O wahrlich, ein Gott ist keinen Deut glücklicher als derjenige, dem es zuteilwird, dass jeder für ihn lebt. Darin machte er in fortdauernden Beweisen seiner Güte glaubhaft, dass der Staat nicht ihm gehöre, sondern er dem Staat. Wer würde es wagen, ihn irgendwie in Gefahr zu bringen? Wer wollte nicht auch, wenn er könnte, das Schicksal von demjenigen abwenden, unter dem Gerechtigkeit, Friede, Sittlichkeit, Sicherheit und Würde in Blüte stehen? Unter dem wohlhabende Bürger in der Fülle aller Güter im Überfluss leben? Mit keinen anderen Augen blicken sie ihren Staatslenker an, als wir voll Ehrfurcht und Verehrung die unsterblichen Götter anblickten, wenn sie einen Blick auf sich freigäben. (*De clementia* 3,19,6–9)

Auch heute, in einer demokratisch organisierten Staatsform, können wir Senecas Ausführungen nur beipflichten. Auch in einer Demokratie muss es Hierarchien geben und muss Macht ausgeübt werden, um den Staat handlungsfähig und agil zu halten. Wenn die Mächtigen eines Landes sich in einer Weise dem Staatswohl und Bürgerwohl verpflichten, wie Seneca dies beschreibt, dann steht der Wohlfahrt einer Bürgerschaft nichts mehr im Wege. Insofern kann man Senecas Werk *De clementia* mit Fug und Recht als Exemplar praktischer Philosophie bezeichnen – aber auch als Illusion. Bei Betrachtung der historischen Wirklichkeit muss man nämlich konstatieren, dass Seneca als Erzieher Neros versagt hat. Solange Seneca selbst noch größeren Einfluss auf die Herrschaft Neros ausübte, mag es eine an *De clementia* orientierte Machtausübung ansatzweise gegeben haben. Niemand käme jedoch auf die Idee, in Kaiser Nero, der seine eigene Mutter vergiften ließ, für grausame Christenverfolgungen verantwortlich war und schließlich seinen Lehrer und Erzieher Seneca in den Selbstmord drängte, einen milden und weitsichtigen Menschen zu sehen.

Seneca war jedoch nicht der Erste, der mit der praktischen Umsetzung schlüssiger philosophischer Vorstellungen scheiterte. Alexander der Große (356–323 v. Chr.) wurde ebenfalls durch den berühmtesten Philosophen seiner Zeit, Aristoteles, erzogen und ist eher als gewiefter Stratege, raffinierter Kriegsherr und harter Machtpolitiker in die Geschichte eingegangen denn als wohltätiger Herrscher. Der berühmteste Fall ist jedoch Platon (428/427–348/347 v. Chr.), der vermutlich einflussreichste Philosoph des Abendlandes, der mit seinen Werken *Politeia* und *Nomoi* Meilensteine staatsphilosophischer Überlegungen hinterlassen hat. Auch er konnte in den Diensten des Alleinherrschers Dionysios auf Sizilien diese theoretischen Forderungen nicht in eine politische Praxis überführen, wenngleich diese sinnvoll waren und dem Staat zum Wohlergehen gereicht hätten.

Ganz offenbar ist in staatlichen Gebilden das historische Gewachsensein von größerer Bedeutung als Gedankengebäude, auch wenn sie in der Theorie funktionieren. Welche Folgen der erzwungene Umbau gewachsener Staatssysteme nach vorgegebenen Ideen bzw. Ideologien hat, hat das 20. Jahrhundert in verschiedenen Spielarten eines menschenfeindlichen Sozialismus ohnehin hinlänglich bewiesen.

Lektion 7: Materielles richtig bewerten

Nennen wir das Kind gleich zu Beginn beim Namen: Seneca war steinreich. Er entstammte nicht nur einer wohlsituierten Familie – eine andere hätte sich die Ausbildung ihres begabten Sohnes ohnehin nicht leisten können –, sondern steigerte sein Vermögen noch unter der Patronage der kaiserlichen Macht Neros. Dies eventuell zudem mit dubiosen Methoden, darunter unlautere Kreditgeschäfte in der Provinz Britannien (so lesen wir in Cassius Dio 62,2).

Bereits in der Antike wurden Senecas Anhäufung von Vermögen und seine philosophischen Äußerungen über den Wert innerer, das heißt immaterieller Güter als Diskrepanz empfunden (siehe Tacitus, *Annalen* 13,42), und auch moderne Interpreten stellen Seneca in diesem Zusammenhang ein vernichtendes Zeugnis aus – wie der Althistoriker Ulrich Gotter: Wer reich sei, könne leicht die Armut predigen und materiellen Gütern eine Absage erteilen, schließlich schöpfe er selbst ja aus dem Vollen. Ein typischer Fall von ›Wasser predigen und Wein trinken‹. Auch heute wird das Thema ›Reichtum und Vermögen‹ hochemotional diskutiert, und vor allem medial lässt es sich kaum von den Themen der Gleichheit bzw. Ungleichheit und der (sozialen) Gerechtigkeit bzw. Ungerechtigkeit trennen. Mit einem höheren Vermögen sind in unserer marktwirtschaftlich geprägten Welt unmittelbar auch größere Freiheit, höhere Absicherung und Wohlstand, Macht und Lebensqualität verbunden und damit auf der Gegenseite natürlich auch der Neid derer, die weniger besitzen, bzw. die Empörung derer, die an eine Verbesserung der Gesellschaft durch eine Umverteilung von Vermögen glauben.

Was Seneca anbelangt, so soll es in dieser Lektion nicht darum gehen, seinen Reichtum oder sein Verhalten als reicher Mensch moralisch zu bewerten oder gar die Statue des großen Philosophen vom Sockel zu stürzen. Vielmehr wollen wir aus philologischer Perspektive seine Texte sprechen lassen und prüfen, welche Rückschlüsse, Impulse und Denkanstöße sich für unsere eigene Einstellung zu Vermögen und Reichtum, kurz: zu materiellen Gütern, daraus ergeben.

Theorie: Hat Reichtum einen Wert?

Ich behaupte, dass Reichtum kein Gut ist. Denn wäre er es, würde er gute Menschen hervorbringen. Nun, da er auch bei schlechten Menschen anzutreffen ist, kann man ihn nicht als Gut bezeichnen, und ich versehe ihn auch nicht mit dieser Bezeichnung. Im Übrigen gebe ich gerne zu, dass er sowohl erstrebenswert ist als auch nutzbringend und große Annehmlichkeiten für das Leben mit sich bringt. Worum geht es also? ... Lass mich in einem äußerst exklusiven Haus leben, Gold und Silber sind alltägliche Gebrauchsgegenstände: Ich werde mich nicht selbst bewundern wegen Dingen, die, auch wenn sie bei mir sind, doch außerhalb von mir stehen. Lass mich in glänzenden Einrichtungsgegenständen und luxuriöser Pracht leben: Ich werde mich für keinen Deut glücklicher halten, weil ich ein weiches Lager habe oder meinen Gästen eine Purpurdecke ausgebreitet wird. Tausch meine Decken doch aus: Um keinen Deut werde ich ärmer sein, wenn mein ermüdetes Haupt auf einer Handvoll Heu ruht, wenn ich auf einem Strohsack liegen werde, aus dessen Nähten von altem Leinen schon die Füllung herausquillt. Worum geht es also? Ich will meine innere Einstellung lieber im schicken Anzug zeigen als mit nackten Schultern. *(De vita beata* 24,5–25,2)

Diese Ausführungen sind deutlich und erinnern an ein Zitat, das dem berühmten deutsch-polnischen Literaturkritiker Marcel Reich-Ranicki (1920–2013) zugeschrieben wird: »Geld allein macht nicht glücklich, aber es ist besser, in einem Taxi zu weinen als in der Straßenbahn.« Auch er bringt den durchaus nachvollziehbaren Sachverhalt zum Ausdruck, dass Vermögen, Reichtum oder schlicht Geld zwar an der existentiellen *conditio humana* nichts zu ändern vermögen, aber doch die Rahmenbedingungen angenehmer gestalten können.

Auch Seneca trennt sehr deutlich zwischen den werthaltigen, gemeint inneren Gütern, die der weise Mensch stets in sich trage und damit nicht verlieren könne, und äußeren Gütern, die er lediglich bei sich habe und die ihm das Schicksal jederzeit wieder nehmen könne. Hat Reichtum also einen Wert an sich? »Nein«, würde Seneca sagen, »aber einen Zweck.« Vorsicht ist jedoch dann geboten, wenn der Zweck die Mittel heiligt und äußere Annehmlichkeiten beginnen, allmählich über den inneren Gütern zu stehen, die für den stoischen Weisen von so zentraler Bedeutung sind:

Ebendieser Wesenszug wohnt jedem Verlangen inne, das nicht aus einem Mangel heraus entsteht, sondern aus einer schlechten Charaktereigenschaft: Was auch immer man jenem Verlangen verschafft, es wird kein Ende des Begehrens geben, sondern immer nur eine neue Stufe. Wer sich deshalb in einem natürlichen Maß in Zurückhaltung übt, wird keine Armut empfinden. Wer das natürliche Maß verlässt, dem wird auch im größten Reichtum die Armut folgen. Für die notwendigen Dinge ist ein Leben in Verbannung ausreichend, für die überflüssigen sind es nicht einmal ganze Königreiche. Es ist die innere Einstellung, die einen reich macht. Sie folgt auch in die Verbannung, und in der schroffsten Einöde hat sie Überfluss an ihren Gütern und genießt diese. ... Geld hat auf die innere Einstellung keinen Einfluss, ebenso wenig wie auf die unsterblichen Götter. All die Dinge, die unerfahrene Gemüter und Leute, die allzu sehr auf ihren Körper fixiert sind, bewundern, also Edelsteine, Gold, Silber und polierte Tischplatten, sind nur irdische Masse, die ein unverdorbener Geist nicht lieben kann. ... Der Geist ist ja gerade heilig und ewig, und an ihn kann nicht Hand angelegt werden.

(*Ad Helviam matrem de consolatione* 12,11,4–7)

Geld hat auf die innere Einstellung keinen Einfluss? Dem möchte man widersprechen, wenn man den Prunk und Protz sieht, in dem manche extrem Reiche leben, und die unvorstellbaren Summen, die sie für Häuser, teure Autos, ausgefallenes Essen, exklusive Kleidung und Schmuck ausgeben. Man denke an manche Fußballstars, Hollywoodschauspieler oder Ölscheichs und die Art und Weise, wie sie sich in den Boulevardmedien in Szene setzen. Verdirbt Geld, anders als es Seneca uns hier zeigen will, etwa doch den Charakter? Ein solches Prassen, wie in den vorangegangenen Zeilen skizziert, ist im Grunde schon Ausdruck eines Geistes, der innerlich zerrüttet ist und sich durch das provokante Zeigen von Reichtum Ausdruck verleiht. Für ein aus dieser Geisteshaltung entspringendes Verlangen gibt es, so lasen wir bei Seneca, keine Grenze, immer nur eine neue Stufe. Eine in sich ruhende, selbstgenügsame und unverdorbene Geisteshaltung ist sich hingegen im Reichtum ebenso selbst genug wie in der Armut. Es fehlen dann lediglich äußere Annehmlichkeiten, nicht aber innere Güter.

Zu erwähnen ist in diesem Zusammenhang, dass Seneca, wenngleich er später in seinem Leben unter Kaiser Nero tatsächlich zu fabelhaftem Reichtum gelangte, im zitierten Text als Betroffener spricht. Es ist ein Auszug aus einer Trostschrift an seine Mutter Helvia, die über seine Verbannung auf die Insel Korsika trauerte und der er in diesen Worten Mut zusprechen will. Seine Verbannung dauerte ganze acht Jahre, und wenngleich Seneca auf Korsika sicherlich weder Hunger noch Durst leiden musste, so war er dennoch seiner Heimat, seines familiären Umfeldes, seiner Freunde und nicht zuletzt seiner vielversprechenden Karriere beraubt. Das alles in den besten Mannesjahren – Seneca wusste also, wovon er sprach.

Praxis: Weisheit und Vermögen schließen sich nicht gegenseitig aus.

Ein weiser Mensch glaubt nämlich nicht, dass er jeglicher Geschenke des Zufalls unwürdig ist. Er liebt den Reichtum nicht, bevorzugt ihn aber. Er bewahrt ihn nicht in seinem Herzen, sondern in seinem Haus auf, er weist Besitz nicht zurück, sondern hält ihn zusammen und ist darauf aus, dass ein größerer finanzieller Spielraum seiner inneren Haltung dienlich ist.

Welcher Zweifel besteht aber daran, dass diese Flexibilität, sein Inneres offenzulegen, einem weisen Menschen in höherem Maße im Reichtum als in Armut zur Verfügung steht? In Letztgenannter besteht ja die einzige Form charakterfester innerer Einstellung darin, nicht einzuknicken und sich nicht niederhalten zu lassen. Im Reichtum haben auch Mäßigung, Freigebigkeit, Sorgfalt, Ordnung und Pracht freies Feld. Ein weiser Mensch wird sich nicht selbst verachten, wenn er von nur geringer Körpergröße ist; groß zu sein, wird er dennoch wollen. Auch wenn er schmächtig ist oder ihm ein Auge fehlt, wird er wohlauf sein, lieber wäre ihm jedoch eine gesunde Körperkraft, und das mit dem Wissen, dass etwas anderes in ihm noch kräftiger ist. Eine angeschlagene Gesundheit wird er ertragen, eine gute Gesundheit sich wünschen. Einige Dinge nämlich, auch wenn sie mit Blick auf das große Ganze nur von geringem Wert und ohne gänzlichen Verlust für das hauptsächliche Gut sind, leisten dennoch einen Beitrag zu fortwährender und aus einer charakterfesten inneren Einstellung entspringender Freude. So wirkt Reichtum anregend und erheitert jenen weisen Menschen wie ein günstiger Wind den Seemann, wie ein schöner Tag im Winter und ein sonniges Plätzchen, wenn es draußen kalt ist.   (De vita beata 21,4–22,3)

Wohlstand und gar Reichtum sind also auch für einen weisen Menschen erstrebenswert, wenngleich sie keinen tieferen Wert besitzen, sondern nur der Annehmlichkeit des Lebens dienen. In materiellem Wohlstand lebt es sich leichter, ebenso bei bester Gesundheit und körperlicher Leistungsfähigkeit. Und doch sind diese Aspekte für ein gelingendes und erfolgreiches Leben nicht zwingend notwendig. Der weltberühmte Physiker Stephen Hawking (1942–2018) war die meiste Zeit seines Lebens aufgrund einer Krankheit schwerstbehindert und auf die Hilfe und Unterstützung mehrerer Pfleger angewiesen – trotzdem betrieb er Forschung und gelangte zu bahnbrechenden Erkenntnissen, die ihm eine wissenschaftliche

Weltkarriere bescherten. Friedrich Schiller (1759–1805) und andere weltberühmte Literaten hatten zeitweise mit extremen Geldproblemen zu kämpfen und schufen dennoch literarische Zeugnisse von höchstem Rang, die die Jahrhunderte überdauerten.

Gleiches gilt in umgekehrter Weise für Seneca. Auch seine Schriften werden nach über zweitausend Jahren noch gelesen und besprochen – und er war märchenhaft reich. Es besteht also kein Bezug zwischen den inneren Gütern und dem daraus resultierenden glücklichen Leben einer Person und deren monetärer Lage. Weil es sich aber zweifelsohne im Wohlstand angenehmer lebt, fordert Seneca:

Hör also auf damit, den Philosophen das Geld zu verbieten. Niemand hat die Weisheit zur Armut verurteilt. Ein Philosoph wird weitreichende Schätze besitzen, aber solche, die niemandem geraubt wurden, die nicht von fremdem Blut triefen, die ohne Unrecht gegenüber irgendjemandem und nicht auf unmoralischem Wege erworben wurden, deren Verlust so ehrenvoll ist wie ihr Erwerb, über die nur ein neidzerfressener Mensch aufseufzen kann.

(De vita beata 23,1)

Der Zusammenhang zwischen Besitzlosigkeit und einer moralischen Haltung bzw. der zwischen großem Reichtum und einer unmoralischen Haltung ist somit ein konstruierter. Man kann moralisch integer, philosophisch gebildet und reich zugleich sein. Die meisten Reichen sind – das hat die soziologische Forschung der letzten Jahre herausgefunden – eben nicht durch schmutzige Tricks und die Ausbeutung von Schwächeren reich geworden, sondern vielmehr durch kluge Geschäftsideen und deren tatkräftige Umsetzung.

In viel stärkerem Maße als Moral und Reichtum sind, wie im Zitat zu lesen, Neid und Reichtum aneinandergekoppelt. Der Begriff des Neides, den auch Seneca verwendet, wird in der aktuellen gesellschaftspolitischen Dimension lediglich durch einen Euphemismus ersetzt: Aus Neid wurde die Forderung nach ›sozialer Gerechtigkeit‹. Der Denkfehler liegt dabei häufig darin, dass das Ergebnis einer erfolgreichen Karriere oder unternehmerischen Leistung ins Zentrum der Betrachtung gerückt wird und weniger der hochriskante und steinige Weg, auf dem der Wohlstand erarbeitet wurde. Auch liegt der Blick dann viel stärker auf den Vermögensunterschieden zwischen den Reichsten und Ärmsten einer Gesellschaft, ohne dass berücksichtigt wird, dass diese Unterschiede im Vergleich zu früheren Zeiten immer geringer werden. Konkret: Zwischen Seneca und einem seiner Sklaven bestand ein wesentlich größerer Unterschied hinsichtlich Vermögen und sozialer Stellung als heutzutage zwischen dem Inhaber einer großen Firma und einem dort angestellten Produktionshelfer.

Der entscheidende Punkt in der Betrachtung von Reichtum und Moral ist damit der der unmittelbaren persönlichen Einstellung zu ihm: Es geht um seinen Wert für die jeweilige Person. Für den gebildeten Stoiker Seneca gilt in diesem Zusammenhang ganz klar: Innere Freiheit geht vor finanzieller Freiheit.

Innere Freiheit geht vor finanzieller Freiheit

Nur derjenige ist Gottes würdig, der Reichtum geringschätzt. Ihn zu besitzen verbiete ich dir nicht, aber ich will als Wirkung erzielen, dass du ihn angstfrei besitzt. Das wirst du nur auf eine Art und Weise erreichen, wenn du nämlich überzeugt davon bist, dass du auch ohne ihn glücklich leben würdest und wenn du ihn immer als etwas Vergängliches betrachtest. *(Epistulae morales* 18,13)

Um das Geld gibt es das meiste Geschrei. Es ermüdet die Marktplätze, lässt Väter und Söhne gegeneinander kämpfen, mischt Gift, händigt Mördern wie Legionen die Schwerter aus, ist benetzt mit unserem Blut, wegen ihm schallen die Nächte vom Streit der Frauen mit ihren Männern und bedrängt die Menge die amtlichen Behörden. Könige wüten, rauben und zerstören Staaten, die in jahrhundertelanger Arbeit aufgebaut wurden, um in der Asche der Städte nach Gold und Silber zu wühlen. ... Wenn du mir aus allen Erzgruben, wenn wir sie so stark es geht ausschürfen, das ganze Geld herbeischaffst, wenn du, was auch immer die Schatzkammern bergen, mitten vor mich hinwirfst ...: Diese ganze Vermögensanhäufung ist es nicht wert, dass sie die Stirn eines guten Mannes in Falten legt. Was für ein Lachen muss man für die Dinge übrighaben, die uns zu Tränen rühren? *(De ira* 3,33)

Geld und Vermögen haben also keinen Wert an sich, sie sind rein äußerer Natur und damit Mittel zum Zweck. Der Zweck sollte die Verwirklichung eines angenehmen Lebens und der eigenen inneren Fähigkeiten sein, die im Idealfall ethisch-moralisch fundiert sind. Glücklich leben will gelernt sein, Seneca weist uns in seiner Philosophie einen Weg dazu, Geld nicht. Die Geringschätzung aller äußeren Dinge, wenngleich diese für die Annehmlichkeit des Lebens von noch so großer Relevanz sind, ist die Grundvoraussetzung dafür. Innere Freiheit macht den Menschen sogar Gottes würdig, wie Seneca schreibt, denn Vermögen ist nur etwas, das Menschen fasziniert. Seneca empfiehlt daher häufiger in seinen Texten eine rein nutzenorientierte Sicht auf Vermögen und Reichtum:

Der Reichtum ist bei einem weisen Mann nämlich ein Knecht, bei einem dummen ist er ein Kaiser. Ein weiser Mann gesteht dem Reichtum nichts zu, euch gesteht der Reichtum alles zu. Sowie euch irgendjemand ewigen Besitz von Reichtum versprochen hat, gewöhnt ihr euch daran und hängt an ihm, ein weiser Mann denkt mitten im Reichtum am meisten an die Armut. Niemals vertraut ein Feldherr dem Frieden so sehr, dass er sich nicht auf einen Krieg vorbereitet, der angekündigt ist, auch wenn er nicht geführt wird. ... Egal wer den Reichtum eines weisen Menschen geraubt hat, all das Seine wird er ihm lassen müssen.   (*De vita beata* 26,1–2.4)

Trifft das auch auf Seneca zu? Hat man ihm all das Seine gelassen, als man ihn nach Korsika verbannt hat? Das eigentümlich Seine, ja: seinen Verstand, seine Fähigkeit zu denken und zu schreiben, die Beobachtung der Sterne, seine innere Ruhe und seine charakterfeste innere Einstellung. Man konnte ihm nur die Annehmlichkeiten nehmen, nicht seinen wahren Besitz: Dieser ist wie bei jedem weisen und gebildeten Menschen nämlich immateriell.

LEKTION 8:
Mit Misserfolg und Fehlern umgehen

»Der Geist ist willig, aber das Fleisch ist schwach.« Die Worte, die Jesus im Matthäusevangelium seinen schlafenden Jüngern am Ölberg entgegenwirft, haben wie so vieles aus der Heiligen Schrift allgemeingültigen Charakter für das Wesen der Menschen. Eine grundlegende Schwäche der Spezies Mensch ist es nämlich, sich in einer bestimmten Situation trotz besseren Wissens für das Schlechte zu entscheiden. Die moderne Lifestyle-Kultur hat dies genauso erkannt wie die Menschen der Antike, reagiert darauf jedoch nicht mit philosophischen Überlegungen und Ratschlägen, sondern vielmehr mit einem Selbstoptimierungswahn ungeahnten Ausmaßes: Fitness-Uhren erinnern, wenn die vorgeschriebene Schrittzahl eines Tages noch nicht erreicht wurde. Ernährungsapps zeigen uns per Klick an, welche Nährwerte ein bestimmtes Nahrungsmittel hat und ob es generell oder zum aktuellen Zeitpunkt für uns ›erlaubt‹ oder ›verboten‹ ist. Außerhalb davon ist es zentral, vielbeschäftigt und multitaskingfähig zu sein, ohne dabei aber seine Work-Life-Balance zu vernachlässigen oder gar einem Burn-out zu erliegen. Um das zu realisieren, braucht man dann natürlich einen ›Miracle Morning‹, einen ›Lifecoach‹ oder eine größere Zahl an ›Lifehacks‹.

Sieht man jedoch von den effekthascherischen Begrifflichkeiten ab, so wartet nach der grundlegenden Erkenntnis menschlicher Schwäche und Unzulänglichkeit immer die gleiche Feststellung: Wer sich nicht selbst gehorchen kann, muss anderen gehorchen. Dem Chef, der einem Druck macht, dem Arzt, der mit erhobenen Augenbrauen unser Blutbild kommentiert, oder einer seelenlosen Fitness-Uhr, die uns den Marschbefehl erteilt. Der Umgang mit Schwächen und Fehlern ist jedoch eine Sache des Menschen selbst, seiner Einstellung zu sich – und den Dingen, die ihn umgeben. Seneca thematisiert in diesem Zusammenhang zunächst drei theoretische Grundlagen menschlicher Unzulänglichkeit:

Grundlage I: Gutes wie Schlechtes kommt aus uns selbst.

Unser Inneres betrachtet ... nicht losgelöst und von außen unsere Emotionen, um sie nicht über Gebühr die Oberhand gewinnen zu lassen, sondern es verwandelt sich selbst in eine Emotion und kann daher jene nützliche und heilsame Kraft nicht zur Räson bringen. Diese ist ja preisgegeben und schon geschwächt. Unser Inneres und die Emotionen haben ... keine eigenen und voneinander getrennten Lokalitäten, sondern Emotion und Vernunft bestehen in der Veränderung unseres Inneren hin zum Besseren oder Schlechteren.

(De ira 1,8,2–3)

Hier formuliert Seneca bewusst sehr allgemein, meint aber ganz konkret die Emotion des Zorns. Zorn ist wie jede andere

Emotion nicht etwa ein eigener innerer Seelenzustand, der in einer bestimmten Situation unbewusst aktiviert wird und den die eigene Vernunft steuern kann. Vielmehr gibt es im Menschen nur einen inneren Zustand, eine geistige Verfassung, die sich in Zorn verwandeln kann, womit sie aufhört, Vernunft zu sein (siehe dazu Lektion 3). Zorn und alle anderen negativen Emotionen können daher gleichsam als Verschiebung des eigenen Ichs zum Schlechteren verstanden werden. Je weiter diese Verschiebung fortgeschritten ist, desto weniger können wir die Vernunft, die im Zitat als nützliche und heilsame Kraft beschrieben ist, wachrufen und unser Verhalten von ihr lenken lassen.

Das Gute daran ist, dass es im Menschen selbst liegt, inwieweit er eine Verschiebung des eigenen Innern zum Schlechten, also negative Emotionen, zulässt. Stelle ich mich einer widrigen Situation stark und selbstbewusst entgegen oder gebe ich mich meinen Schwächen hin und lasse sie so die Oberhand über mein Inneres gewinnen? Die Schwierigkeit ist jedoch, eigene Schwächen, Unzulänglichkeiten und persönliche Trigger-Situationen als solche zu erkennen, um sich entsprechend innerlich positionieren zu können. Wir neigen nämlich generell dazu, für unsere eigenen Fehler blind zu sein.

Grundlage II: Wir sind blind für unsere eigenen Fehler.

Selbsterkenntnis ist der erste Weg zur Besserung, weiß ein Sprichwort. Wie schwer diese tatsächlich zu erlangen ist, zeigten die amerikanischen Sozialpsychologen Joseph Luft und Harry Ingham in den 1950er Jahren in einem psychologischen Experiment. Sie konnten empirisch beweisen, dass Menschen bestimmte eigene Persönlichkeitsmerkmale oder ein bestimmtes Verhalten an sich selbst nicht wahrnehmen, während andere Menschen im Umfeld diese sehr wohl bemerkten. Diese grundlegende Erkenntnis hielten die beiden graphisch im sogenannten Johari-Fenster fest. In diesem kann aufgelistet werden, welche Aspekte einer bestimmen Persönlichkeit öffentlich, das heißt allen bekannt sind und welche allen außer dem Betroffenen bekannt sind. Das Johari-Fenster bezeichnet letztgenannten Punkt als blinden Fleck, den es zu entdecken und zu verringern gilt.

Seneca hat diesen Sachverhalt zwei Jahrtausende früher erkannt. Zwar ohne empirische Forschung und graphische Umsetzung, dafür aber in einer eindrucksvollen Episode aus seinem eigenen Haushalt. Seneca hatte eine ältliche Sklavin, die, wie man heute sagen würde, unter einer psychischen Krankheit litt. Ihr sonderbares Verhalten ist Ansatzpunkt seiner philosophischen Überlegungen:

Diese psychisch gestörte Frau hat plötzlich ihr Augenlicht verloren. Doch sie weiß nicht, dass sie blind ist. Immer wieder bittet sie ihren Aufpasser, sie wegzubringen, sie sagt, das Haus sei so dunkel. Dir ist klar, dass das, was wir an ihr belächeln, uns allen zustößt: Niemand erkennt, dass er selbst karriereversessen oder gierig ist. Blinde suchen wenigstens einen Führer, wir irren ohne Führer umher und sagen: »Ich bin nicht karriereversessen, aber anders kann man in Rom gar nicht leben.«, »Ich bin nicht verschwenderisch, aber gerade in der Stadt sind die Lebenshaltungskosten hoch.«, »Es ist nicht mein Fehler, dass ich aufbrausend bin, dass ich noch keinen seriösen Lebenswandel pflege: mein jugendliches Alter ist schuld.« Warum täuschen wir uns selbst? Unser Leiden liegt nicht außerhalb unseres Selbsts begründet: Es ist in uns, in unserem Herzen selbst sitzt es, und deshalb gelangen wir so schwer zu Gesundheit, weil wir gar nicht wissen, dass wir krank sind. (*Epistulae morales* 50,2–4)

Wenn unser Leiden, wie Seneca schreibt, nicht außerhalb unserer eigenen Persönlichkeit liegt, dann birgt das für uns die Möglichkeit, den Missstand bewusst zu verändern. Wenngleich es leicht und bequem ist, eigene Fehler und Schwächen auf die äußeren Umstände abzuwälzen und sich selbst damit reinzuwaschen, ist der grundlegende Zustand bei Lichte betrachtet ein anderer. Wenn wir unsere Fehler und Schwächen erkennen, dann verhalten wir uns eben nicht mehr wie Senecas alte Sklavin, die blind ist, ohne es zu wissen. Die Lösung unserer Probleme und die Verringerung unserer persönlichen Schwächen sind dann zwei Seiten derselben Medaille. Wenn wir unsere persönlichen Schwächen und Fehler verringern, verringern sich auch vermeintlich äußere Probleme. Diesen Sachverhalt zu erkennen und konsequent an der Lösung zu arbeiten, ist die eigentliche Herausforderung, denn mangelnde Selbstbestimmung ist im Grunde immer die Quelle für Misserfolg, Schwächen und Fehler.

Grundlage III: Es liegt an mangelnder Selbstbestimmung.

Selbstbestimmung bedarf klarer Richtlinien, Werte und Charakterstärke. Die harte Wahrheit ist: Wer nicht selbstbestimmt leben kann, muss dies fremdbestimmt tun. Er ist dann äußeren Umständen und seinen inneren Schwächen unterworfen, ja ausgeliefert. Das betrifft, wie wir bei Seneca lesen können, sowohl die Menschen, die nicht ins Handeln kommen, als auch diejenigen, die blindem Aktionismus verfallen sind:

Alle Menschen befinden sich in derselben Lage. Sowohl diejenigen, denen Unbeschwertheit, Überdruss und die ständige Änderung eines Vorhabens eine Qual ist und denen immer besser gefällt, was sie erledigt haben, als auch diejenigen, die schlaff und träge sind. Nimm noch die Menschen dazu, die ganz ähnlich den Leuten mit Einschlafproblemen sich hin und her wälzen und es sich mal so und mal so bequem machen, bis sie in der Ermüdung Ruhe finden. Durch die Umgestaltung ihrer Lebenssituation bleiben sie zuletzt oft in einer solchen, in der sie nicht der Unwille zur weiteren Veränderung erfasst, sondern ein fortgeschrittenes Alter, das zu einer weiteren Erneuerung zu beschwerlich ist. Nimm auch noch jene hinzu, die nicht aufgrund ausgeprägter Beständigkeit zu wenig flexibel sind, sondern aus Faulheit, und ihr Leben nicht so gestalten, wie sie es wollen, sondern wie sie es eben einmal angefangen haben.

Es gibt dabei unterschiedliche Ausprägungen, aber eine einzige Auswirkung dieser Schwäche: Unzufriedenheit. Sie entsteht aus innerer Unausgeglichenheit und aus zögerlichen oder in zu geringem Maße verwirklichten Wünschen, wo sie, was sie wünschen, sich nicht trauen oder es schlicht nicht erreichen und sich dann ganz auf die Hoffnung verlegen.

Immer sind sie unstet und sprunghaft, was zwangsläufig Menschen ohne Konstanz widerfahren muss. Auf jedem Weg versuchen sie ihre Wünsche zu erreichen und bringen sich Unehrenhaftes und Schwieriges bei und setzen sich dem Zwang aus. Wo die Mühe ohne Lohn bleibt, quält sie die vergebliche Schande. Aber es schmerzt sie nicht, etwas Falsches gewollt zu haben, sondern nur, dass es vergeblich war. Dann hält sie die Reue über die Unternehmung und die Angst vor einem Neubeginn besetzt. Es schleicht sich Unentschiedenheit in ihr inneres Wesen ein, das keinen Ausweg findet, weil sie ihren Wünschen weder befehlen noch gehorchen: Ebenso das ständige Zögern eines Lebens, das sich zu wenig entwickelt, und der Zerfall ihres inneren Wesens inmitten unerfüllter Wünsche.

(De tranquillitate animi 2,6–8)

Seneca skizziert hier zunächst verschiedene Menschentypen. Den beständigen und verlässlichen Typ, der sich in seine aktuelle Lebenssituation eingefunden bzw. mit ihr abgefunden hat. Den sprunghaften, der in ständiger, aber zielloser Veränderung sein Leben durchhetzt. Und den schlicht und ergreifend lethargischen, ja faulen Menschen, der sich nicht aufraffen kann. Gemeinsam ist allen dreien, dass ihnen innere Ausgeglichenheit fehlt und sie im tiefsten Inneren mit ihrem Leben unzufrieden sind.

Der lethargische und faule Typ wird vom Wandel der Zeit überrascht, Neues macht ihm Angst. Der sprunghafte Typ bleibt einem einmal eingeschlagenen Weg, auch wenn er möglicherweise der richtige sein könnte, nicht treu und erreicht nicht einmal auf der schiefen Bahn die Wünsche seines Lebens. Das Resultat ist schließlich eine tiefe innere Unzufriedenheit: Der Grund für diese Unzufriedenheit ist die menschliche Schwäche der inneren Unausgeglichenheit. Man weiß nicht, was man will oder wie man es erreichen kann. Beides zeigt sich in einem von Unrast und Unsicherheit geprägten, unglücklichen Leben und einem, wie Seneca schreibt, ›Zerfall des inneren Wesens‹, worunter man heutzutage wohl am ehesten depressive Verstimmungen verstehen könnte.

Eigenverantwortlichkeit für die eigene Unzulänglichkeit, Blindsein für eigene Fehler und mangelnde Selbstbestimmung sind somit die Grundpfeiler menschlicher Schwächen. Es gibt jedoch nach Seneca einen Weg aus dieser unglücklichen Situation: die Philosophie. Sie macht Wesentliches bewusst und ermöglicht einen Panoramablick auf das eigene Ich und die Welt als Ganzes. Zwei Aspekte dieses Panoramablicks seien als praktische Handlungsempfehlung zum Umgang mit Fehlern und Schwächen aus der Feder Senecas genannt: Dankbarkeit und Fokussierung.

Mit Dankbarkeit gegen die Unzufriedenheit

Wie die Dinge, die im Gebrauch sind und die man täglich anfasst und berührt, niemals in Gefahr sind, Rost anzusetzen, so sammeln die Dinge, die man sich nicht wieder wachruft, sondern ungenutzt und wie überflüssig liegen lässt, alleine durch das Alter schon Schmutz an. Genauso verschwindet alles, was eine wiederkehrende Erinnerung wiederholt in den Blick rückt, niemals aus dem Gedächtnis, das ja nur das vergisst, worauf es zu selten zurückgeblickt hat.

Daher gibt es auch noch andere Gründe, die uns unsere Verdienste bisweilen verleiden. Der erste und bedeutsamste von allen ist, dass man immer aus Gier nach etwas Neuem nicht auf das blickt, was man hat, sondern auf das, was man haben will. Für den, der sich nur darauf konzentriert, was fehlt und was man wünscht, ist alles, was zu Hause ist, wertlos. Das hat aber zur Folge, dass auch der, der diese Dinge geschaffen hat, wertlos wird, wenn einmal die Gier nach Neuem alles, was man erhalten hat, entwertet hat. Wir haben jemanden geliebt und zu ihm aufgeblickt und offen gesagt, dass unsere Lebenssituation von ihm begründet wurde, solange uns unsere Errungenschaften gefielen; dann befällt die Bewunderung anderer Dinge unser Inneres und man zielt darauf ab, wie es bei Menschen eben üblich ist, von Großem nach noch Größerem zu gieren. Sofort wird bedeutungslos, was vorher als Wohltat bezeichnet wurde, und wir haben nicht mehr im Blick, was wir anderen voraushaben, sondern nur noch das, was die Lebenssituation der Menschen sichtbar macht, die uns voraus sind. Niemand aber kann neidisch sein und gleichzeitig dankbar, weil Neid typisch für Leute ist, die sich beschweren und unzufrieden sind, Dankbarkeit aber typisch für Menschen ist, die innerlich froh sind.   *(De beneficiis* 3,2,3–3,3)

Wir können festhalten: Dankbarkeit macht glücklich, da sie Positives und Erfolgreiches in unserem Leben ins Zentrum rückt statt Unerreichtes oder den Erfolg eines anderen (siehe zur Dankbarkeit auch in Lektion 3). Im Leben eines jeden Menschen gibt es Erfolge, auf die er stolz sein kann und die er als Früchte einer harten Arbeit oder auch eines glücklichen Zufallstreffers genießen kann. Wo dies nicht der Fall ist, mangelt es nicht selten an Ansporn, Fokussierung und Ehrgeiz – oder schlichtweg an Genussfähigkeit und Lebensfreude.

Es wird immer Menschen geben, die aufgrund eigener Leistung oder einer Laune des Schicksals schöner, reicher, gesünder, agiler, erfolgreicher sind als man selbst. Doch ist dies schlimm? Nein. Der Handwerker, der sich selbstständig macht und mit einer kleinen Firma sein letztes Angestelltengehalt verdoppelt, wird nie so reich werden wie Jeff Bezos oder Bill Gates. Er wird aber seine Einkommenssituation massiv verbessern und sich in besseren Lebensumständen befinden. Wer 25 Kilo abgenommen hat, hat nur in den seltensten Fällen den Körper eines jungen Arnold Schwarzenegger oder einer Heidi Klum, wenn man das überhaupt als erstrebenswert ansehen will. Er oder sie hat sich jedoch vor allem gesundheitlich etwas Gutes getan. Wenn ihm oder ihr das optisch dann noch besser gefällt, ist es ein toller Erfolg. In der Pädagogik bezeichnet man diese Betrachtungsweise als individuelle Bezugsnorm. Nicht wie gut jemand im Vergleich mit anderen abschneidet, sondern wie stark er sich selbst verbessert hat, steht dabei im Zentrum der Betrachtung.

Der ständige Vergleich mit anderen Menschen schafft Unzufriedenheit, im schlimmsten Fall macht er neidisch. Neid ist dabei ein von Grund auf negatives und destruktives Gefühl, das nicht mit der Wertschätzung oder Bewunderung eines Mitmenschen verwechselt werden darf, der im Leben vermeintlich weitergekommen ist. Nicht umsonst hat das Christentum den Neid zu einer der sieben Todsünden erklärt. Auch nach Seneca wirkt Neid destruktiv und zerstört die Freude über Erreichtes. Umgekehrt heißt das, dass Dankbarkeit für das eigene Ich konstruktiv wirkt. Sie macht zufrieden und motiviert in einem individuellen und höchst positiven Sinn.

Während der Neid aber gleichsam von selbst aus dem eigenen Inneren erwächst und gerade von schwachen Charakteren Besitz ergreift, bedarf die Dankbarkeit eines bewussten Wachrufens oder In-den-Blick-Rückens der eigenen Person und des Erreichten.

Diese Fokussierung ist die zweite praktische Handreichung, die Seneca zum Umgang mit Schwächen und Fehlern empfiehlt.

Fokus statt Aktionismus

Unter Fokus bzw. Fokussierung ist die Beschränkung der eigenen Tätigkeiten auf einige wichtige und sinnvolle gemeint. Wer alles auf einmal will, in seinem Handeln keinen Schwerpunkt legt und keine Zielsetzung vornimmt, irrt ziellos umher und kann damit weder innerlich ausgeglichen und dankbar sein noch erfolgreich.

Man muss die Rastlosigkeit beschneiden, die bei einem großen Teil der Menschen vorherrscht. ... Ohne Plan ziehen sie umher, suchen etwas zu tun und tun doch nicht, was sie für sich beschlossen haben, sondern worauf sie gerade getroffen sind. Ihr Umherlaufen ist plan- und ziellos, wie bei Ameisen, die durch ihren Ameisenhaufen krabbeln und sich sinnlos erst oben auf die Spitze, danach tief nach unten begeben. Die meisten Menschen führen ihr Leben ähnlich wie sie, deren Dasein man nicht zu Unrecht als ruheloses Nichtstun bezeichnet hat. ... Jede Unternehmung muss daher auf etwas bezogen werden und auf etwas hin ausgerichtet sein. Nicht der Fleiß treibt die Ruhelosen an, wie Halluzinationen psychisch Kranke: Denn nicht einmal sie bewegen sich ohne irgendeine Hoffnung; es lockt sie nur das Aussehen irgendeiner Sache, deren Bedeutungslosigkeit ihr kranker Geist nicht aufdeckt.   (*De tranquillitate animi* 7,2–3.5)

Wir lesen hier wieder einen harten Vergleich von Menschen, die ihrem Handeln keine Richtung geben können, mit Tieren und psychisch kranken Menschen. Planvolles und durchdachtes Handeln ist aber nach Dankbarkeit für Vorhandenes und Erreichtes ein zweiter wichtiger lebenspraktischer Anker, der uns vor menschlicher Orientierungslosigkeit und Fehlern aufgrund von unüberlegten Schnellschüssen schützen kann. Dabei sind Getriebensein, Hetze und blinder Aktionismus nicht mit Fleiß zu verwechseln, wie Seneca hier bewusst unterscheidet. Fleiß ist als die volle Vertiefung bzw. als energische und nachdrückliche Umsetzung einer Sache zu verstehen, für die man sich bewusst entschieden hat. Die Fokussierung hat hier bereits stattgefunden und der Fleiß fungiert als innerer Motor, der die Umsetzung antreibt. Die Planlosigkeit ist es, die Menschen wie Ameisen hektisch umherlaufen lässt oder wie von Halluzinationen heimgesuchte psychisch Kranke Dinge sehen lässt, die gar nicht existieren. Die Reduktion der eigenen Tätigkeiten auf einige Dinge, für die man sich bewusst entschieden hat und die man dann energisch in die Umsetzung bringt, gibt dem Leben nicht nur eine Richtung, sondern wirkt auch hervorragend gegen die eigenen Schwächen und Fehler.

LEKTION 9:
Sterblichkeit und Tod akzeptieren

Unsere Sterblichkeit und vor allem der Tod sind in unserer modernen Gesellschaft ein Tabuthema. Nicht dergestalt, dass man darüber nicht sprechen darf – man tut es einfach ungern. Der Tod ist aus unserem alltäglichen Leben weitestgehend verschwunden. Viele alte und kranke Menschen sterben nicht mehr zu Hause im Kreise der Familie, sondern in Krankenhäusern oder Alten- und Pflegeheimen, die sich in den letzten Jahren entsprechend auch verändert haben. So gibt es mehr Palliativstationen als noch vor einigen Jahren, die Palliativmedizin hat an Bedeutung gewonnen und stellt einen wichtigen Pfeiler neben den anderen medizinischen Disziplinen dar. Sterbende können so besser versorgt werden als noch vor einigen Jahrzehnten.

Doch außerhalb der unmittelbaren Zeit vor einem absehbaren Ende ist der Tod kein Diskussionsgegenstand, schon gar nicht ein öffentlicher. Er ist Privatsache und wird, wenn überhaupt, nur mit intimsten Vertrauten thematisiert. Dies mag nachvollziehbar erscheinen, denn der Mensch zeigt generell eine ihm eigene und dadurch selbstverständliche Konzentration auf das Leben, das Lebendigsein und eine angenommene und erwartete Zukunft. Ohne diese Ausrichtung auf das Leben würde sich wohl niemand bewusst für Kinder entscheiden oder einen Kredit für Eigenheim oder Existenzgründung aufnehmen.

Und dennoch: Zu einem gelingenden Leben muss auch die Auseinandersetzung mit dem eigenen Tod gehören, denn ganz gleich, wie stark die Fokussierung des Menschen auf sein Leben und Lebendigsein auch sein mag und wie sehr die moderne Medizin und die verbesserten Lebensbedingungen in der westlichen Welt die Lebenserwartung der Menschen in die Höhe geschraubt haben, steht fest: Das Leben ist nun einmal endlich, und am Ende wartet der Tod. Auch für Seneca ist eine erste Auseinandersetzung mit dieser nicht ganz einfachen Thematik die Auseinandersetzung mit ebendieser Tatsache.

Der Tod ist unausweichlich

So viele Leichenzüge ziehen an unserem Haus vorbei: An den Tod denken wir nicht. So viele traurige Beerdigungen: Wir machen uns hingegen Gedanken über das Togafest unserer Kinder, über den Kriegsdienst und den Antritt des väterlichen Erbes. So häufig springt uns die plötzliche Armut reicher Menschen ins Auge, und es kommt uns nicht in den Sinn, dass auch unser Vermögen auf tönernen Füßen steht. Daher müssen wir notwendigerweise härter fallen, weil wir unvorhergesehen getroffen werden: Was man von Weitem schon vorhergesehen hat, kommt langsamer auf einen zu.

(*Ad Marciam de consolatione* 9,2)

In der Bewusstmachung des eigenen Endes und der eigenen Vergänglichkeit ist bereits ein Schritt zum richtigen Umgang mit dem eigenen Tod enthalten. Sie nimmt dem Tod das Überraschungsmoment, so dass auch ein sogenannter ›plötzlicher‹ Tod einkalkuliert wird und damit an Schrecken verlieren muss. Noch wirksamer wird eine innere Positionierung gegenüber dem eigenen Ende, wenn man sich selbst als Bestandteil eines größeren, geordneten Ganzen erkennt. Christen würden in diesem Zusammenhang von göttlicher Schöpfung sprechen, in der der Mensch seinen ihm zugewiesenen Platz hat. Seneca, der kein Christ war, erkennt den gleichen Zusammenhang von der Ordnung des Kosmos, in der auch der Mensch lebt, und kann sein eigenes Dasein damit in verblüffender Ähnlichkeit zu christlichen Sichtweisen in eine Ordnung von höherer Kraft einfügen:

Alles passiert zu bestimmten Zeiten. Es muss geboren werden, wachsen, sterben. Alles, was du über uns hinwegeilen siehst, und das, mit dem wir verbunden sind und auf dem wir sicher stehen wie auf festestem Grund, wird gepflückt und muss vergehen. Alles hat einmal ein hohes Alter erreicht. Die Natur entlässt es nur in ungleichen Zeitspannen auf eben den gleichen Weg. Alles, was existiert, wird nicht mehr da sein, aber es wird nicht aufhören zu existieren, sondern nur aufgelöst werden.

Für uns bedeutet ›aufgelöst werden‹ auch ›nicht mehr da sein‹. Wir blicken nämlich immer nur auf das unmittelbar Nächste, das weiter entfernt Liegende sieht unser stumpfer Geist nicht voraus, auch weil er sich dem Körper angeschlossen hat: Überhaupt würde er sein eigenes Ende und das der ihm Nahestehenden tapferer ertragen, wenn er darauf hoffen würde, dass all jene Dinge, so auch das Leben und der Tod, abwechselnd ablaufen und Zusammengefügtes aufgelöst, Aufgelöstes zusammengefügt wird und dass in diesem Werk sich die ewige Kunst einer göttlichen Kraft zeigt, die alles lenkt. *(Epistulae morales 71,13–14)*

Die Furcht vor dem Tod

Wir Menschen wissen anders als Tiere um die eigene Sterblichkeit – wann uns der Tod ereilt, wissen wir jedoch nicht. Ebenso beunruhigt uns die Frage, *wie* der Tod wohl eintreten wird. Und am stärksten beunruhigend wirkt die Frage, ob es einen Seinszustand nach dem Tod gibt, und wenn ja, wie man sich diesen vorzustellen hat. Es ist gerade diese facettenreiche Ungewissheit, die uns den Tod fürchten lässt, da menschliche Vernunft und damit auch die Wissenschaft, so modern sie auch sein mag, unzureichend bleiben müssen und keine messbaren Ergebnisse und Erkenntnisse liefern können. Das Kernproblem, das der Mensch mit dem Tod hat, ist also weniger der Tod selbst als vielmehr die Angst davor. So sieht es auch Seneca:

Nicht den Tod fürchten wir, sondern das Nachdenken über ihn: Von ihm selbst sind wir nämlich immer gleich weit entfernt. Wenn man also den Tod fürchten muss, muss man ihn immer fürchten. Denn welcher Zeitpunkt ist vom Tod ausgenommen?

(Epistulae morales 30,17)

Der Tod ist nämlich nichts so Gleichgültiges wie die Tatsache, ob man eine gerade oder ungerade Zahl an Haaren besitzt. Der Tod gehört zu den Dingen, die zwar kein Übel darstellen, aber schon den Anschein eines Übels aufweisen. Die Selbstliebe ist es und der Wille nach dauerhafter Existenz und Selbsterhaltung sowie die Ablehnung gegenüber dem Vergehen. Sie scheinen uns nämlich viele gute Dinge zu entreißen und uns aus der Fülle der Dinge, an die wir uns gewöhnt haben, herauszuführen. Auch der folgende Umstand macht uns den Tod fremd: Wir kennen die Dinge hier auf Erden schon, wissen aber nicht um die Beschaffenheit jener Dinge, zu denen wir hinübergehen werden. Und Unbekanntes macht uns Angst. *(Epistulae morales 82,15)*

Ungewissheit erzeugt Angst, und Angst macht das Leben unangenehm und schwierig. Da wir über ein Leben nach dem Tod und generell metaphysische Aspekte unseres Daseins mit wissenschaftlicher Empirie oder gar naturwissenschaftlichen Berechnungen keine Aussage treffen können, bleibt nur, ausschließlich diejenigen Dinge unserem Einfluss zu unterwerfen, auf die wir auch tatsächlich Einfluss haben. Neben der Zeit nach dem Tod scheidet hier auch unsere Vergangenheit aus, denn sie ist eben vergangen und damit nicht beeinflussbar. Und die Zukunft ist noch nicht gegenwärtig. Wir können zwar Vorkehrungen und Planungen treffen, wissen jedoch zu keinem Zeitpunkt genau, ob eine Zukunft überhaupt eintreten wird. Was bleibt, ist die bewusste Gestaltung der eigenen Gegenwart.

Niemand ist so unwissend, dass ihm nicht klar ist, dass er einmal sterben muss: Wenn es dann aber so weit ist, sucht er einen Ausweg, zittert und klagt. Scheint dir etwa jemand nicht strohdumm zu sein, der klagte, dass er nicht vor tausend Jahren gelebt hatte? Genauso dumm der, der klagt, dass er in tausend Jahren nicht mehr am Leben sein wird. Es handelt sich dabei um ein und dasselbe; du wirst nicht in der Zukunft existieren und du hast nicht in der Vergangenheit existiert: Keine Zeit von beiden ist dein Eigentum.

(Epistulae morales 77,11)

Das Leben im Jetzt

Diejenige Person ..., die jeden Zeitpunkt dem eigenen Nutzen zuführt, die jeden einzelnen Tag so gestaltet, als wäre er das Leben, muss sich einen morgigen Tag weder wünschen, noch braucht sie ihn zu fürchten. Denn was für ein neues Vergnügen könnte irgendeine Stunde noch bringen? Alles ist bekannt, alles zur Genüge angenommen. Das Übrige soll der blinde Zufall nach Belieben regeln: Das Leben ist schon in Sicherheit. Ihm kann hinzugefügt, aber nichts genommen werden – und hinzugefügt nur wie ein kleiner Nachschlag bei jemandem, der schon ganz satt ist: Er nimmt, wonach er kein Verlangen mehr hat. *(De brevitate vitae 7,9)*

Dieser Passus bedarf einer gewissen Einordnung. Seneca meint mit dem Sattsein am Leben nicht, dass jemand das Leben satthat. Also nicht den Lebensüberdruss oder die Lebensmüdigkeit, durch die das Leben an Wert verliert, ja wertlos wird. Vielmehr steht eine bewusste Gestaltung desselben im Vordergrund, die genau sondiert, was für ein gelingendes Leben wichtig ist, und sich dann nach diesen Werten ausrichtet. Dass es sich dabei nicht um äußere Güter handeln kann, haben wir auch in anderen Lektionen in diesem Buch gesehen. Es handelt sich vielmehr um innere Güter, aus stoischer Perspektive also beispielsweise die Vernunft oder die innere Ausgeglichenheit. Konkret gibt uns Seneca für die Umsetzung dieser zugegeben hohen Forderungen zwei lebenspraktische Tipps mit auf den Weg:

Tipp 1: Vergangenes als Schatz betrachten

Dagegen ist dieser Teil unserer Zeit [die Vergangenheit] ein heiliger und geweihter, der alle menschlichen Wechselfälle hinter sich gelassen hat, der der Herrschaft des Schicksals enthoben ist, den nicht die Not, nicht die Angst und kein Ansturm von Krankheiten in Aufruhr versetzen wird. Er kann weder in Verwirrung gebracht noch entrissen werden. Sein Besitz ist fortdauernd und unerschrocken. Einzelne Tage nur, und diese lediglich als Folge von Augenblicken, stellen die Gegenwart dar. Alle Tage der Vergangenheit jedoch werden da sein, wenn man es will. Wunschgemäß werden sie sich betrachten und festhalten lassen, wozu Vielbeschäftigte keine Zeit haben. Zeichen eines sorgenfreien und ruhigen Geistes ist es, alle Lebensabschnitte zu durchlaufen. Die Vielbeschäftigten sind wie Zugtiere eingespannt: Sie können sich nicht umdrehen und nicht zurückblicken. *(De brevitate vitae* 10,4–5)

Vergangenes wird unter dieser Betrachtungsweise nicht mehr zu etwas, das wir verloren haben, das wir nicht festhalten können und das uns der Tod gleichsam schon geraubt hat. Vergangenes wird vielmehr zu etwas, das man wie einen Schatz in sich trägt, etwas, das man schon erlebt und genossen hat und das auch in trüben Zeiten innerlich hervorgeholt und erneut genossen werden kann. Es erscheint also sinnvoll, die Gegenwart so zu gestalten, dass sie sich nach und nach in eine erinnerungswürdige Vergangenheit verwandelt, an die wir mit Freude und innerer Genugtuung zurückdenken. Grundvoraussetzung dafür ist natürlich, Zeit zur Reflexion zu haben. Das Bild von vielbeschäftigten Menschen, die gleichsam wie Zugtiere in ein Zuggeschirr eingespannt sind und nicht zurückblicken können, ist hierbei bewusst gewählt. Es zeigt nämlich auch die Entmenschlichung, die mit übertriebener Beschäftigung einhergeht. Wo der Mensch nicht mehr reflektieren kann und nur noch im übertragenen Sinne »eingespannt« ist, büßt er einen Teil seines Menschseins ein und ist damit der Existenz eines Tieres näher als der eines Menschen.

Tipp 2: Gut statt lange leben – und zwar sofort!

Wie ein hervorragender Mensch von kleinem Wuchs sein kann, so kann ein hervorragendes Leben in einer nur kurzen Dauer bestehen. Die Lebenszeit gehört zu den Dingen, auf die wir keinen Einfluss haben: Die Dauer meines Lebens liegt nicht in meinen Händen – wie lange ich bewusst leben werde, habe ich in der Hand. Verlange nicht von mir, wie im Dunkeln ein bedeutungsloses Leben zu durchlaufen, sondern das Leben zu gestalten, nicht daran vorbeizufahren.

(Epistulae morales 93,7)

Kann es etwas Dümmeres geben als die Einstellung bestimmter Leute, und ich meine damit die Menschen, die sich etwas auf ihre Klugheit einbilden? Sie sind überbeschäftigt mit Arbeit. Um besser leben zu können, arrangieren sie ihr Leben auf Kosten ihres Lebens. Ihre Gedanken richten sie auf Langfristigkeit aus, das Aufschieben ist nun aber der größte Verlust an Lebenszeit: Es nimmt schon den ersten Tag, es entreißt die Gegenwart, während es in der Zukunft Liegendes verspricht. Das größte Hindernis am Leben ist die Erwartung, die vom Morgen abhängt und das Heute zerstört. Was in der Hand des Schicksals ist, planst du, was du selbst in der Hand hast, gibst du verloren. Wohin richtet sich dein Blick? Wonach streckst du dich? Alles, was kommen wird, ist ungewiss: Lebe sofort!

(De brevitate vitae 9,1)

Wie dumm ist es eigentlich, das Leben zu planen, wenn man nicht einmal Herr über den morgigen Tag ist. Wie groß ist die Dummheit der Menschen, die große Hoffnungen hegen: Ich werde kaufen, ich werde bauen, ich werde Geld verleihen und Zinsen erheben, ich werde Ämter ausüben, und dann werde ich ein müdes und erfülltes Alter auf die Zeit verschieben, in der ich ohne Beschäftigung bin. Glaube mir: Auch für die Erfolgreichen ist alles unsicher. Von der Zukunft darf sich niemand Versprechungen machen. Auch das, was wir festhalten, kann den Händen entgleiten, und die jetzige Stunde kann der Zufall sofort beenden. Die Zeit vergeht nach einer festen, aber uns verborgenen Gesetzmäßigkeit.

Was aber hat es für mich für einen Einfluss, ob im Kosmos etwas planvoll vor sich geht, was für mich nicht planbar ist? ... Was aber gibt es Dümmeres, als sich darüber zu wundern, dass eines Tages das geschieht, was jeden Tag geschehen kann? Natürlich steht für uns der letzte Tag dort fest, wo ihn das unerbittliche Schicksal festgelegt hat, aber niemand von uns weiß, wie nah er sich schon an der Grenze befindet. Lasst uns unser Inneres also so wappnen, als sei es schon zum Äußersten gekommen. Lasst uns nichts aufschieben: Lasst uns täglich mit dem Leben abrechnen. Der größte Fehler im Leben ist, dass es immer unerfüllt ist, weil etwas von Tag zu Tag verschoben wird. Wer täglich letzte Hand an sein Leben legt, hat kein Mehr an Zeit nötig. Aus diesem Mangel an Zeit aber entstehen Angst und die Gier nach Zukunft, die an uns nagt.

Wie aber werden wir dieser inneren Unruhe entkommen? Allein dann, wenn unser Leben sich nicht auf die Zukunft vorausstreckt, sondern sich in sich selbst bündelt: Denn nur der ist von der Zukunft abhängig, für den die Gegenwart keinen Wert hat. Wenn aber geleistet ist, wozu ich mir selbst gegenüber verpflichtet bin, wenn ein fester Geist weiß, dass zwischen einem Tag und einem Jahrhundert kein Unterschied besteht, blickt er von oben auf das, was noch kommen mag, und denkt lächelnd an die Abfolge der Zeiten. Denn warum soll dich die Verschiedenheit und Wechselhaftigkeit des Zufalls beunruhigen, wenn du gegenüber dem Unwägbaren eine feste innere Einstellung hast? *(Epistulae morales* 101,4–9)

Diese Ausführungen Senecas sind so überdeutlich und klar, dass ihnen kaum etwas hinzuzufügen ist. Sich diese Gedanken voll bewusst zu machen, ist hingegen etwas, das einer gewissen inneren Reflexion bedarf – und die Umsetzung dieser Feststellungen ins eigene tägliche Leben ist äußerst schwierig. Auf der einen Seite wollen und sollen wir ein Leben gestalten, das seinen Wert, Nutzen und Genuss vor allem aus der Gegenwart speist, auf der anderen Seite müssen wir für die Zukunft planen.

Bereits grundlegende Entscheidungen wie die Berufswahl oder die Wahl des Lebenspartners und der Schullaufbahn für unsere Kinder sind Entscheidungen, die sich vor allem auf die Zukunft beziehen, ja im Grunde ist jede Entscheidung in die Zukunft gerichtet. Eine Fokussierung rein auf die Gegenwart, die eine Zukunft komplett ausblendet, würde in blankem Hedonismus enden und den Menschen zu einem Zerrbild seiner selbst machen. Eine solche hedonistische Fokussierung meint Seneca aber sicherlich nicht. Vielmehr geht es ihm um eine bewusste Lebensgestaltung, frei von äußeren Zwängen und einer Orientierung an äußeren Gütern, die das Leben in fortwährender Beschäftigung immer auf ein Morgen verschieben, das dann nicht kommt, weil es immer wieder auf ein nächstes Morgen verschoben wird. Ein echtes, ein wahres Leben klammert die Zukunft nicht aus, findet aber im Jetzt statt und orientiert sich an wahren, das heißt inneren und immateriellen Werten. Es gestaltet sich gemäß der eigentlichen Wesenhaftigkeit des Menschen – es geht um ein, wie die Stoiker sagen würden, *secundum naturam vivere*, wie wir in Lektion 10 sehen werden.

LEKTION 10:
Der Natur gemäß leben

Secundum naturam vivere heißt wörtlich übersetzt »naturgemäß leben« bzw. »gemäß der Natur leben«. Es handelt sich um
eine der prägnantesten Zielformulierungen stoischer Philosophie, deren Anhänger Seneca bekanntlich war. Für uns heute
aber ist diese Formulierung erklärungsbedürftig, denn sie hat
weder mit Hafermilch und Waldbaden noch mit Achtsam-
keitstraining und Atemtechnik etwas zu tun. Was ist also darunter zu verstehen?

Wir haben aus verschiedenen Texten Senecas bereits erkennen können, dass er selbst und die philosophische Schule der
Stoa generell davon ausgehen, dass dem gesamten Kosmos ein
göttliches Prinzip, eine göttliche Allnatur, zugrunde liegt, an
der der Mensch Anteil hat. Der Mensch kann sein Leben bewusst an diesem göttlichen Prinzip orientieren, indem er den
davon vorbestimmten Lauf der Dinge akzeptiert und sein Handeln bewusst an der Weisheit und an tugendhaftem Handeln
ausrichtet. Dies hat zur Folge, dass alle anderen vermeintlich
wichtigen Elemente menschlichen Lebens, wie Gesundheit,
Schönheit, Macht, Reichtum oder Ehre, für ein gelingendes

und gelungenes Leben bedeutungslos werden. Diese können den Menschen, dessen Lebenswandel sich vor allem in Weisheit und tugendhaftem Verhalten realisiert, nämlich nicht zu einem höheren Wert oder, wie es die Stoa ausdrücken würde, zum höchsten Gut führen.

Der charakterliche Endzustand des Menschen, der durch diese innere Orientierung erreicht werden kann, heißt ›Ataraxie‹ und meint die sprichwörtlich gewordene innere Ruhe des stoischen Weisen, der durch keine äußeren Vorkommnisse in seiner inneren Ausgeglichenheit mehr gestört werden kann. So erklärt sich auch die Abwertung äußerer Güter. *Secundum naturam vivere*, »naturgemäß leben«, meint also eine Ausrichtung des eigenen Lebens an der dem Kosmos innewohnenden Wesenhaftigkeit (*natura*), also seiner göttlichen Grundlage und Prägung.

Seneca selbst nennt die philosophische Forderung des *secundum naturam vivere* in verschiedenen Zusammenhängen in seinem Werk, definiert sie jedoch äußerst selten. Zu klar liegt für ihn auf der Hand, was unter dieser ethischen Maxime zu verstehen ist. Er füllt sie in seinen philosophischen Ausführungen vielmehr mit lebenspraktischen Beispielen. Eine Passage, an der das *secundum naturam vivere* jedoch dezidiert ins Zentrum der Betrachtung gerückt wird, entstammt nicht durch Zufall dem Werk *De vita beata – Vom glücklichen Leben*. Gerade für ein aus stoischer Perspektive wahrhaft glückliches Leben ist eine an der göttlichen Wesenhaftigkeit des Kosmos orientierte Lebensführung unabdingbar:

Glücklich leben und naturgemäß leben sind ein und dasselbe. Worin dies besteht, werde ich nun darlegen: Wenn wir körperliche Anlagen und das dem Wesen Entsprechende sorgfältig und furchtlos bewahren, als sei es nur für einen Tag gegeben und vergänglich. Wenn wir diesen Anlagen und Gaben weder sklavisch dienen noch uns von Dingen, die nicht zu uns gehören, in Besitz nehmen lassen. Wenn die Dinge, die dem Körper als angenehm und als Äußerlichkeiten zu bezeichnen sind, für uns den Rang einnehmen, den im Feldlager Hilfstruppen und Leichtbewaffnete innehaben – sie sind Befehlsempfänger, keine Befehlshaber. So sind Äußerlichkeiten schließlich auch für den Geist nützlich. ...

Die Vernunft soll aufgrund von Sinneseindrücken Untersuchungen anstellen und ausgehend davon in sich selbst zurückkehren. Etwas anderes als die Sinneseindrücke besitzt sie nämlich nicht, wovon sie einen Versuch oder einen ersten Schritt zur Wahrheit unternehmen könnte. Denn der allumfassende Kosmos und die göttliche Kraft, die Lenkerin des Universums, streben nach außen, kehren aber von allen Seiten wieder in sich selbst zurück. Das Gleiche soll auch unser Inneres tun. Wenn es den Sinneswahrnehmungen folgend sich auf die Außenwelt ausgestreckt hat, soll es über jene und das ihm Eigene Macht besitzen. Auf diese Weise entsteht aus Kraft und Macht eine Einheit und es tritt jene feste Vernunft zutage, die weder uneinig ist noch sich in Meinungen, Vorstellungen oder Überzeugung verstrickt und die mit dem höchsten Gut in Berührung kommt, wenn sie eine innere Ordnung hergestellt hat und sich mit ihren einzelnen Teilen im Konsens, also sozusagen im Einklang befindet. Nichts Schlechtes und nichts Unsicheres bleibt dann übrig, nichts, woran sie stoßen oder worauf sie ausrutschen kann. Alles wird sie auf eigenen Befehl hin tun, und nichts wird sich unvorhergesehen ereignen, sondern jede Tat wird sich leicht zum Guten auswachsen, sowohl vorbereitet als auch ohne Zögern. Schlechtigkeit und Zögern offenbaren nämlich nur einen inneren Konflikt und Unbeständigkeit.   (*De vita beata* 8,2.4–6)

Diese Passage ist philosophisch anspruchsvoll und inhaltlich nicht ganz leicht zu verstehen. Für eine Person, die naturgemäß lebt, stellen Äußerlichkeiten keine Dinge von Wert dar. Das gilt, wie bereits dargestellt, auch für Aspekte, die gemeinhin als wertvoll und erstrebenswert erachtet werden. Im Umkehrschluss bedeutet dies jedoch nicht, dass ein naturgemäßes Leben mit Lebensfeindlichkeit und übertriebener Askese gleichzusetzen ist. Dies zeigt im Zitat der Vergleich mit den Hilfstruppen im Feldlager. Sie fungieren aber lediglich als Befehlsempfänger, erleichtern die Tätigkeit der Haupttruppen – und haben darüber hinaus keine nennenswerte Bedeutung oder gar Einfluss auf deren Organisation oder Mission.

Auch eine Absage an Körperlichkeit ist damit nicht zwangsläufig verbunden, denn das Innere eines Menschen kommt schlichtweg nur über die Sinnesorgane mit der Außenwelt in Kontakt und kann diese daher auch nur damit erkennen und bewerten. Zentral ist dann die Wendung der menschlichen Innerlichkeit nach innen, das heißt die bewusste Abkehr von Äußerem und Äußerlichkeiten, so dass der Mensch in sich selbst ruht und frei wird von Affekten, Ängsten und Zwängen. In diesem Zustand innerer Festigkeit und Ausgeglichenheit ist ein naturgemäßes Leben folglich realisiert. Das Leben ist glücklich, da unabhängig und frei, der Mensch ruht ganz in sich und ist ganz bei sich.

Auf den Punkt gebracht

Ein kurzer Rückblick auf die in diesem Buch behandelten Aspekte, die die lebenspraktische Ausgestaltung dieses theoretischen Ansinnens ins Zentrum der Betrachtung rückten, kann die Forderung und Zielsetzung des *secundum naturam vivere* augenscheinlich machen:

Lektion 1: Erst ein naturgemäßes Leben ist ein glückliches Leben, da es frei von äußeren Aspekten das Lebensglück auf die eigene innere Einstellung zurückführt sowie tapfer macht gegen die Unwägbarkeiten des Schicksals, und da die charakterliche, innere Einstellung als Ausgleichsgewicht in den Unruhen des Lebens fungieren kann.

Lektion 2: Ein naturgemäßes Leben basiert auf der Vernunft des Menschen, die wiederum göttlichen Ursprungs ist. Sie lässt ihn Anteil an einem höheren göttlichen Sein haben und garantiert damit Unabhängigkeit gegenüber den Dingen, die die Mehrheit der Menschen umtreiben, ängstigen und von einem wahrhaft glücklichen Leben abhalten.

Lektion 3: Ein naturgemäßes Leben findet in innerer Distanz zu Emotionen statt. Auch dieser Aspekt, der im Grunde mit den rein äußerlichen Dingen des Lebens nicht im unmittelbaren Zusammenhang steht, bringt in übertriebener Form Unruhe und Unausgeglichenheit in das Wesen des Menschen. Das heißt nicht, dass er keine Freude und kein Glück mehr empfinden und abstumpfen soll, vielmehr geht es darum, sich seinen Emotionen gegenüber bewusst und innerlich distanziert einzustellen.

Lektion 4: Ein naturgemäßes Leben ist demzufolge auch ein Leben in Freiheit, da der Mensch darin unabhängig von für ihn vermeintlich wichtigen Gütern ist und sein Leben in Unabhängigkeit von der Meinung anderer oder Äußerlichkeiten gestalten kann.

Lektionen 5 und 6: Ein naturgemäßes Leben besteht weiter in einem offenen, selbstbewussten und am Gemeinwohl orientierten Umgang mit den Mitmenschen, sei es Höherstehenden oder Untergebenen. Es geht dabei immer um das große Ganze einer gelingenden Gesellschaft. Der naturgemäß Lebende bringt sich bewusst ein und stützt im Rahmen seiner Möglichkeiten ein funktionierendes Gemeinwohl in dem Bewusstsein, dass alle daran beteiligten Menschen Elemente eines göttlich durchwalteten Kosmos sind, an dem auch er selbst Anteil hat.

Lektion 7: Ein naturgemäßes Leben bedeutet in letzter Konsequenz die Geringschätzung und Geringachtung, ja Missachtung von Geld, Vermögen und allen anderen äußeren Gütern. Diese bezeichnet Seneca als *adiaphora*, wörtlich übersetzt: »Unentschiedenes«. Damit ist gemeint, dass diese äußeren Güter in ethischer Hinsicht unentschieden sind, und sich damit einer Zuordnung als etwas ethisch Gutes oder Schlechtes entziehen. Sie haben schlicht und ergreifend keine tiefere ethische Bedeutung für den Menschen. Dies ist wiederum nicht als Aufruf zu Askese und einem Rückschritt auf das Wohlstandsniveau der Steinzeit misszuverstehen. Auch hier steht wieder als zentrale Frage im Raum: Wer herrscht über wen? Nutze ich mein Vermögen zu meinem eigenen Wohl und zu dem der mir Anvertrauten? Oder bin ich Sklave des Mammon und raffe getrieben und gierig den letzten Heller zusammen, den ich dann um seiner selbst willen horte?

Lektion 8: Ein naturgemäßes Leben zeigt sich ebenfalls im Umgang mit Misserfolg und Schwäche. Gutes wie Schlechtes entspringt dem Menschen selbst, denn er ist in der Lage, sich jedem denkbaren äußeren Zustand gegenüber entsprechend zu positionieren. Ein besonderer Aspekt kommt dabei der Dankbarkeit zu, die sich die positiven Aspekte eines jeden Lebens bewusst macht und damit gleichsam heilend wirken kann.

Lektion 9: Ein naturgemäßes Leben zeigt sich letzten Endes in einer kühlen Todesverachtung. Auch das Leben selbst ist als äußeres Gut zu betrachten und damit streng genommen gar nicht ein Gut, sondern eine Äußerlichkeit. Seneca selbst hat in seinem berühmten Freitod dementsprechend gehandelt und damit sein Leben gemäß der Natur unter Beweis gestellt.

Diese Zusammenfassung und vor allem der Aspekt der Todesverachtung zeigen: *Secundum naturam vivere* ist vor allem ein Ideal. Nicht einmal Seneca selbst behauptete von sich, ein Musterbeispiel eines naturgemäßen Lebens darzustellen. Ihm ging es vielmehr um den Weg der Philosophie, der im Grunde bereits das Ziel desselben darstellt: den Versuch, täglich Fortschritte zu machen.

Und gilt dies nicht für jeden Menschen? Wer denkt nicht bisweilen ängstlich an den eigenen Tod? Wen beschleicht nicht ein ungutes Gefühl bei dem Gedanken, welche Schicksalsschläge einem selbst oder den Nahestehenden in der Zukunft noch drohen könnten? Wer hängt nicht am sauer Ersparten und möchte es lieber sicher vermehren, als es von der fortschreitenden Inflation oder einem Börsencrash aufgezehrt sehen? Wer freut sich nicht über eine berufliche Beförderung, die neben einem Zuwachs an Gehalt auch ein anderes Standing in der Firma mit sich bringt? Wir alle sind nur Menschen.

Wichtig bleibt dabei, sich hin und wieder auch über die Lage des Menschen im Lauf der Welt Gedanken zu machen. Die stoische Sichtweise eines strukturiert nach ewigen Gesetzen ablaufenden Kosmos, dem eine göttliche Kraft innewohnt, ist nicht unsympathisch. Sie ist sinnstiftend und befreit den Menschen von der Gleichgültigkeit und Willkür eines zufällig entstandenen Universums ohne jeden Sinn. Wem dieser Gedanke annehmbar erscheint, für den ist auch ein an diesen ewigen Gesetzen orientiertes Leben sicherlich keine verschwendete Zeit – und dann kann aus einer naturgemäßen Lebensweise zweifelsohne auch eine glückliche werden.

Literaturhinweise

Ausgaben und Übersetzungen der Werke Senecas

Den Übersetzungen liegen die Texte in den folgenden Ausgaben zugrunde:

L. Annaeus Seneca: Opera, quae supersunt. Vol. III. Hrsg. von O. Hense. Leipzig ²1914.

L. Annaei Senecae ad Lucilium epistulae morales. Vol. I/II. Hrsg. von A. Beltrami. Brescia ²1937.

L. Annaeus Seneca: Ad Lucilium epistulae morales. Vol. I/II. Hrsg. von F. Meyer. Münster ²1953.

L. Annaei Senecae De vita beata. Hrsg., eingel. und komm. von P. Grimal. Paris 1969.

L. Annaei Senecae ad Lucilium epistulae morales I/II. Hrsg. von L. D. Reynolds. Oxford ²1969.

L. Annaei Senecae Dialogorum libri duodecim. Hrsg. von L. D. Reynolds. Oxford ⁷1991.

Lucius Annaeus Seneca: Philosophische Schriften. Bd. III und IV. Übers., mit Einl. und Anm. vers. von O. Apelt. Hamburg 1993.

Seneca: Philosophische Schriften. Lat./Dt. Hrsg. von M. Rosenbach. Darmstadt ²2010.

Zitierte, benutzte und weiterführende Literatur

Bäumer, Ä.: Die Bestie Mensch. Senecas Aggressionstheorie, ihre philosophischen Vorstufen und ihre literarischen Auswirkungen. Frankfurt a. M. / Bern 1982.

Beck, J.-W.: *Aliter loqueris, aliter vivis*. Senecas philosophischer Anspruch und seine biographische Realität. Göttingen 2010.

Blänsdorf, J. / Breckel, E.: Das Paradoxon der Zeit. Zeitbesitz und Zeitverlust in *Senecas Epistulae morales* und *De brevitate vitae*. Freiburg i. Br. / Würzburg 1983.

Fuhrmann, M.: Seneca und Kaiser Nero. Eine Biographie. Berlin 1997.

Giebel, M.: Seneca. Reinbek b. Hamburg [8]2017.

Gotter, U.: Der Tyrann mit dem Rücken zur Wand. Neros künstlerische Selbstexpansion. In: A. Koschorke (Hrsg.): Despoten dichten. Sprachkunst und Gewalt. Konstanz 2011. S. 27–64.

Grimal, P.: Seneca. Macht und Ohnmacht des Geistes. Darmstadt 1987.

Grün, A.: 50 Engel für das Jahr. Ein Inspirationsbuch. Freiburg [34]2008. S. 42–44.

Günther, M.: Das glückliche Leben. Eine systematische Auseinandersetzung mit der Glückstheorie Senecas. Marburg 1999.

Kuen, G.: Die Philosophie als *dux vitae*. Die Verknüpfung von Gehalt, Intention und Darstellungsweise im philosophischen Werk Senecas am Beispiel des Dialogs *De vita beata* (Einleitung, Wortkommentar und systematische Darstellung). Heidelberg 1994.

Maurach, G.: Seneca. Leben und Werk. Darmstadt [4]2005.

Veyne, P.: Weisheit und Altruismus. Eine Einführung in die Philosophie Senecas. Frankfurt a. M. 1993.

Wildberger, J.: Seneca und die Stoa. Der Platz des Menschen in der Welt. Berlin / New York 2006.

Zum Autor

PETER M. GÜNZEL studierte an der Universität Würzburg die Fächer Latein und Deutsch für das Lehramt an Gymnasien und wurde ebenda mit einer Arbeit zu Augustins Rhetorik promoviert. Er ist Seminarlehrer für das Fach Latein, Lehrbeauftragter der Universität Würzburg und hält bundesweit an Universitäten hochschuldidaktische Fortbildungen ab.

Er ist darüber hinaus Autor verschiedener wissenschaftlicher und fachdidaktischer Publikationen für die Fächer Latein und Deutsch am Gymnasium.